Brigham Young et l'interdiction de prêtrise
Le critère du lignage

A propos de l'auteur

Matthieu Crouet fut missionnaire pour l'Eglise de Jésus-Christ des Saints des Derniers Jours dans la mission de Madagascar Antananarivo où il servit de 2000 à 2002.

C'est pour venir en aide à une famille de sa paroisse dont la mère a des origines africaines qu'il accepta de confronter les propos des dirigeants aux accusations de racisme. S'en suivit un premier essai intitulé *Comparaison inter-religieuse des perceptions de la peau noire dans les grandes religions monothéistes : juifs, musulmans et chrétiens* avec un focus spécifique au sein des chrétiens sur la perception de la peau noire par l'Eglise de Jésus-Christ des Saints des Derniers Jours. L'étude n'a pas été publiée.

Un petit passage de l'étude était relatif à l'interdiction de la prêtrise. L'auteur constata rapidement la polémique créée par cette interdiction et décida d'approfondir le sujet. S'en suivit ce second essai ici publié.

BRIGHAM YOUNG ET L'INTERDICTION DE PRETRISE

LE CRITERE DU LIGNAGE

Matthieu Crouet

Remerciements

Mes remerciements vont d'abord à mon épouse pour son soutien. Ils vont aussi à Marcel Kahne sans qui cet essai n'aurait certainement pas été aussi riche. Nos échanges passionnés, souvent contradictoires, m'ont constamment poussé à rechercher davantage, à mieux argumenter et structurer mes propos. Merci également à mes lecteurs de la première heure pour leurs commentaires édifiants qui m'ont inspiré certains passages.

Copyright

Les opinions exprimées dans ce livre relèvent de la seule responsabilité de l'auteur et ne représentent pas la position officielle de l'Eglise de Jésus-Christ des Saints des Derniers Jours.

ISBN : 978-2-9555053-1-1
Dépôt légal : Janvier 2016
© Matthieu Crouet, 2016
10, rue de l'Etang de la Loy
77400 Saint-Thibault-des-Vignes, France

A tous les détenteurs de la prêtrise

TABLE DES MATIERES

David Ransom : *Donc, avec le recul, l'Eglise avait-elle faux en cela [l'interdiction] ?*
Président Hinckley : **Non, je ne pense pas que c'était faux.** *Je pense que beaucoup de choses se sont passées à différentes périodes. Qu'il y a une raison à leur existence.*
David Ransom : *Quelle était la raison à cela ?*
Président Hinckley : *Je ne sais pas quelle était la raison.* **Mais je sais que nous avons rectifié ce qui a pu apparaître faux auparavant.**

(Compass Sundays Nights on ABCTV - *Interview with President Gordon B. Hinckley*, 9 novembre 1997)

Un des changements les plus marquants du XXème siècle dans l'Eglise de Jésus-Christ des Saints des Derniers jours intervient en 1978 quand Spencer W. Kimball reçoit la révélation que la prêtrise peut être conférée à tous les membres masculins de l'Eglise qui sont dignes, à partir de l'âge de 12 ans, avec le pouvoir d'exercer son autorité divine[1].

Il existait auparavant une interdiction de détenir la prêtrise qui concernait certains hommes, **appelée erronément l'interdiction de prêtrise aux Noirs.** Evidemment, une telle appellation ne peut que créer la confusion. Elle renvoie à la couleur de peau, à une discrimination raciale qui, si c'était le cas, trouverait son origine et ses fondements dans les pseudo-théories racistes inventées par les penseurs et érudits des XVIIème et XVIIIème siècles dans le but de soutenir un esclavage bon marché. L'interdiction serait alors une erreur créée et perpétuée par nos prophètes modernes influencés par les croyances de leur époque. Certes l'erreur est humaine mais peut-on vraiment croire que Dieu aurait permis une telle méprise ?

Aujourd'hui, la position officielle de l'Eglise, précisée dans l'article *Race and the Priesthood* [2] ne reconnait pas d'erreur. Il ressort de sa lecture qu'aucune explication avancée par le passé n'est reconnue comme justification officielle et qu'il faut être prudent quand on aborde le sujet car ces idées font écho au concept d'infériorité raciale répandu à l'époque.

Y a-t-il eu une erreur ou y avait-il une cause légitime ? Les dirigeants mettent en garde et conseillent de ne pas débattre de ce qu'on ne connaît pas [3]. Pourtant, **les partisans de l'erreur font l'audimat aujourd'hui avec une rhétorique bien huilée : l'interdiction portait sur la couleur de peau - Aucune écriture ne soutient cela - C'est une erreur**. Les partisans de la cause légitime, pour leur part, ne se font plus guère entendre préférant suivre les mises en garde. Il y a un tel imbroglio entre malédiction de Cham, lignage, noir, esclavage, infériorité, prêtrise que plus personne n'ose supputer une cause légitime.

Pourtant, la rhétorique des partisans de l'erreur ne tient pas. La pratique de l'interdiction montre déjà qu'il n'en n'était rien. **Si la couleur de la peau avait été concernée, aucun Noir n'aurait pu détenir la prêtrise avant 1978. Or, si les Noirs**

africains étaient touchés par l'interdiction, celle-ci ne s'appliquait pas aux Mélanésiens de Nouvelle-Calédonie, aux Dravidiens d'Inde et aux Aborigènes d'Australie. Ce n'est donc pas la couleur de la peau qui justifiait l'interdiction.

Partageant leurs convictions personnelles, les dirigeants de l'Eglise ne reconnaissent pas non plus d'erreur sur cette question, à l'instar du Président Hinckley (1910-2008) lors de son interview dans l'émission Compass Sundays Nights en 1997 : « *Non, je ne pense pas que c'était faux* », ni Dallin H. Oaks en 1988 qui disait de l'interdiction : « *Il n'est pas dans la volonté du seigneur de donner les raisons. Nous pouvons mettre des raisons **aux commandements** [...][4]* ».

Brigham Young (1801-1877) justifia l'interdiction en ces termes : « *Tout homme ayant une goutte de sang de la descendance de Caïn en lui ne peut détenir la prêtrise et si aucun autre prophète ne l'a dit avant, je le dis maintenant, au nom de Jésus-Christ. Je sais que c'est vrai et d'autres le savent aussi[5]* ».

Pour Brigham Young, la cause de l'interdiction est le lignage. Elle trouve application dans les écritures : Abraham revendique la prêtrise du fait de son lignage (Abraham 1 : 5-7), et prétend que Pharaon n'y a pas droit à cause de son lignage (Abraham 1 : 27). Néhémie refusa aux Lévites d'officier s'ils ne pouvaient pas prouver leur lignage (Néhémie 7 : 64). A notre époque, Joseph Smith reçut une révélation disant que la prêtrise était obtenue par lignage (D&A 113 : 7-8). Même

Jésus-Christ affirmait que son ministère terrestre s'accomplissait auprès d'un lignage (Matthieu 15 : 24). Enfin, en sus du lignage par le sang, on peut devenir héritier des bénédictions d'Abraham par lignage adoptif ! (Galates 3 : 27-29 et Abraham 2 : 10). Quelle nécessité avait Paul d'enseigner l'adoption si ce n'est pour attester de l'importance du lignage ?

Cet essai n'a pas la prétention de répondre à toutes les questions ni de fournir un argumentaire incontestable. Par manque de documentation appropriée et également de temps, il reste encore trop de zones d'ombre, de supputations, de points à explorer avec l'espoir que d'autres le feront.

Cependant, il y a déjà suffisamment de matière à présenter. Elle sera répartie en sept chapitres.

Creuser cette hypothèse demande d'abord de sortir le sujet de l'imbroglio sans fondement mêlant l'interdiction de prêtrise aux pseudo-théories racistes des XVIIème et XVIIIème siècles. Ce sera l'objet du premier chapitre.

Dans le deuxième chapitre, nous présenterons le critère du lignage de manière générale. Si cette discrimination positive heurte aujourd'hui nos sociétés, elle fut appliquée par le Christ durant son ministère terrestre. Nous montrerons surtout comment ce critère est toujours d'actualité. Le chapitre abordera rapidement le lignage favorisé d'Abraham, développera l'alliance et les bénédictions promises, dont la détention de la prêtrise.

Dans le troisième chapitre, nous nous attarderons sur les relations entretenues par les détenteurs de la prêtrise avec les autres lignages. Nous aborderons la question centrale des mariages mixtes et évoqueront *la loi de la prêtrise* interdisant d'en contracter.

Dans le quatrième chapitre, nous évoquerons le mariage mixte de Cham faisant de son lignage le premier évincé de la prêtrise après le déluge. Le premier mais pas le dernier.

Dans le cinquième chapitre, nous étudierons les réactions de la descendance immédiate de Cham.

Dans le sixième chapitre, nous aborderons les levées d'interdiction d'abord sous Pierre puis sous Spencer W. Kimball.

Dans un dernier chapitre, nous aborderons la prêtrise sous l'aspect plus large des bénédictions et plus spécialement du moment de leur obtention. Nous réfuterons la théorie du comportement dans la préexistence qui fut avancée pour justifier le critère du lignage et qui a occasionné des difficultés à la compréhension actuelle du critère.

CHAPITRE UN

L'INTERDICTION DE PRETRISE DANS L'IMBROGLIO DU RACISME

Il existe à notre époque un incroyable imbroglio qui mêle malédiction de Cham, lignage, peau noire, esclavage, infériorité et prêtrise. Les partisans de l'erreur affirment que tout provient des théories racistes émises aux XVIIème et XVIIIème siècles dans le but de soutenir l'esclavage. Cependant, si l'on approfondit ces notions, on constate que chacune d'elle a une origine propre remontant bien avant dans le temps sans lien avec un quelconque racisme. Attention aux fausses accusations.

I
L'INFERIORITE

Selon le dictionnaire[6], le racisme est une idéologie fondée sur la croyance qu'il existe une hiérarchie entre groupes humains, pouvant s'accompagner d'hostilité et de discrimination.

Dans les sociétés occidentales, l'évènement qui amena à la naissance progressive du racisme anti Noir se trouve dans le changement de position de l'Eglise catholique qui interdit en 1537 toute réduction en esclavage. Jusqu'à cette époque, l'Eglise catholique acceptait la réduction de peuples en esclavage dans le but de les faire revenir à la loi divine. Le raisonnement de l'Eglise catholique était alors le suivant : les hommes descendent tous d'Adam et à ce titre sont tous égaux devant Dieu. Toutefois, en refusant la vérité, ils deviennent esclaves du péché qui leur fait perdre la raison et devenir brutaux. Pour éviter que cette brutalité ne se répande, il est nécessaire de brimer ces hommes, de les réduire en esclavage, à proximité de ceux qui ont la foi afin, qu'à leur côté, ils reviennent à la raison. Or, les retours faits au Pape indiquaient l'inverse, les maîtres devenaient brutaux. En 1537, par 3 lettres au moins, dont la lettre *Veritas Ipsa* du 2 juin 1537, adressée à tous les chrétiens, Paul III (1468-1549) condamne fermement la réduction de tout peuple en esclavage, quelle que soit sa foi, sous peine d'excommunication : « ***Les Indiens et toutes les autres nations qui peuvent à l'avenir parvenir à la connaissance des chrétiens [...] ne peuvent pas être réduits en esclavage***[7] ».

La première des lettres pontificales, la *Pastorale Officium*, fut abrogée en 1538 car elle remettait directement en cause l'autorité de Charles V. En effet, elle acquiesçait un édit impérial de 1530 interdisant l'esclavage des Indiens mais le Pape ignorait que l'Empereur avait abrogé ce texte en 1534. L'affaire ne s'arrêta toutefois pas là, Charles Quint promulgua en 1542 les Leyes Nuevas qui, d'une part, interdisaient l'attribution de nouvelles encomiendas (lieux d'exploitation des Indiens) et, d'autre part, qui sanctionnaient sévèrement les exactions des maîtres en place. Ces lois provoquèrent des soulèvements et la mort du Vice-Roi du Pérou. Charles Quint engagea une réflexion sur la manière de mener la conquête du nouveau monde. Elle déboucha sur la controverse de Valladolid en 1550 et 1551. Les uns défendaient une colonisation pacifique et évangélique, les autres demandaient la possibilité de recourir à l'esclavage pour contenir les comportements inhumains des indigènes. A la fin des débats, les deux parties se proclamèrent vainqueurs. Le Pape ne prit plus position mais, avec les critiques grandissantes, continuer l'esclavage avec les Indiens devenait dangereux. Les Etats prirent leur distance avec l'Eglise catholique et avec ceux qui remettaient en cause l'esclavage des Indiens.

Le racisme naît de la réaction des laïcs. Depuis cette date, des Etats, des penseurs et érudits, n'ont cessé de rechercher d'autres justifications à la pratique d'un commerce humain bon marché au service d'intérêts économiques importants. Il fallait pouvoir expliquer en quoi il était normal que les Noirs soient esclaves à défaut de continuer avec les Indiens. Deux arguments laïcs majeurs se sont développés à partir du XVIIème siècle et surtout au XVIIIème : parce qu'ils sont de race inférieure (le polygénisme) et parce que leur nature le veut (la théorie des climats).

1
Le polygénisme

Les hommes sont tous égaux car descendants du même homme Adam. Seraient-ils encore égaux s'ils ne descendaient pas du même homme ? **Le polygénisme est l'affirmation qu'il existe des races ou espèces humaines sans ancêtre commun ni lien familial**. Le premier à avoir proposé cette théorie est le français Isaac de Lapeyrère (1596-1676) dans son traité des préadamites de 1655[8]. La thèse trouvera écho chez plusieurs érudits tels que le français Voltaire (1694-1778) dans son Traité de métaphysique de 1734[9], ou encore l'américain

Samuel George Morton (1799-1851) considéré comme étant à l'origine du racisme scientifique[10].

2
La théorie des climats

L'autre théorie qui trouve écho dans les sociétés occidentales est la théorie des climats, dont la réintroduction est attribuée au français Charles-Louis de Secondat, baron de La Brède et de Montesquieu (1689-1755), dans son ouvrage *De l'esprit des lois*. Une théorie dont les premières traces remontent à Hippocrate, dans son livre *Des Airs, des eaux, des lieux* (vers 400 avant Jésus-Christ) et utilisé depuis au moins le XIème siècle dans les sociétés orientales[11]. Bien que cette théorie, de prime abord, ne fasse aucune référence à la couleur de la peau, **elle fait des peuples au climat chaud des hommes agressifs, de peu de raison et de peu de morale** : « *Approchez-vous des pays du midi, vous croirez vous éloigner de la morale même ; des passions plus vives multiplieront les crimes ; chacun cherchera à prendre sur les autres tous les avantages qui peuvent favoriser ces mêmes passions. [...] La chaleur du climat peut être si excessive que le corps y sera absolument sans force. Pour lors l'abattement passera à l'esprit même : aucune curiosité, aucune noble entreprise, aucun sentiment généreux* » (*De l'esprit des lois* XIV, II). Leur nature voudrait qu'ils ne travaillent que sous la contrainte justifiant l'esclavage : « *Il y a des pays où la chaleur énerve le corps, et affaiblit si fort le*

11

courage, que les hommes ne sont portés à un devoir pénible que par la crainte du châtiment : l'esclavage y choque donc moins la raison » et de conclure : « *comme tous les hommes naissent égaux, il faut dire que l'esclavage est contre la nature, quoique dans certains pays il soit fondé sur une raison naturelle* (*De l'esprit des lois* XV, VII) ». Ce raisonnement inspirera les allemands Johann Friedrich Blumenbach (1752-1840) et Emmanuel Kant (1724-1804) qui développeront la théorie dégénérationniste, selon laquelle des peuples ont dégénéré du fait du climat, parfois de façon irréversible. Les pays africains sont les premiers visés.

Dans les sociétés occidentales, le concept d'infériorité des Noirs se développe à partir des théories racistes des XVIIème et XVIIIème siècles. L'infériorité est la conséquence soit de l'existence de races humaines inégales car sans lien familial, soit d'un climat ayant abruti certains peuples de façon irréversible. Pas le moindre rapport avec la Bible.

II
LA MALEDICTION DE CHAM

La chrétienté n'a pas enseigné la théorie des climats, pas plus qu'elle n'a accepté le polygénisme. Elle a toujours considéré les hommes comme égaux, issus d'un seul sang[12]. On la mêle aujourd'hui au racisme par *la malédiction de Cham* alors que cette dernière puise ses sources dans des siècles lointains et n'évoque jamais l'infériorité. Voyons en quoi consiste cette « malédiction » et en quoi elle diffère du racisme dans les deux aspects qu'on lui connait aujourd'hui : la couleur de peau et l'esclavage.

1
La couleur de peau

Des sources anciennes font remonter l'origine de la peau noire à une faute de Cham sans qu'elle n'entraîne pour autant une quelconque infériorité.

Chez les juifs, deux histoires aux causes différentes ont circulé : On trouve la première dans le Traité Taanit du Talmud de Jérusalem (IIème siècle) : Cham enfreint l'interdiction de relation sexuelle dans l'arche et en sort « *charbonné* ». On trouve la seconde dans le Bereshit Rabba (entre le Vème et le VIème siècle) : Cham voit la nudité de son père ivre sous la tente sans détourner le regard. Noé, en se réveillant l'apprend et dit à son fils : « *le fruit de ta semence sera laid et charbonné* ». Pour autant, pour les juifs, dans le fruit de sa semence, seul le premier né Kush et sa descendance sont touchés. Il n'y a aucune allusion à une infériorité.

Chez les musulmans, seule la première cause est abordée : Ibn Hichâm (mort vers 830) évoque les grandes lignes de l'histoire de l'arche, attribuant les propos à Wahb ibn Munabbih, un converti à l'Islam (mort vers 730). Au Xème siècle, At-Tabari (839-923) attribue à une source musulmane sûre, Ibn

Ishaq (704-767), le biographe du Prophète, une attaque sexuelle de Cham sur son épouse dans l'arche, une prière de Noé pour que sa semence soit altérée, et sa descendance noire en conséquence. Il n'y a aucune allusion à une infériorité.

Chez les chrétiens, c'est la seconde cause qui est évoquée : Cham voit la nudité de son père. Quand Noé l'apprend, il le maudit. Selon Ephrem le Syrien (306-373) : « *la figure de Canaan changea ; ainsi que celle de son père, et leurs figures blanches devinrent noires et sombres et leurs couleurs changèrent*[13] ». Pour Isho'dad de Merv, évêque syrien de l'église d'Haditha (vers 850) [Quand Noé maudit Canaan], « *instantanément, par la force de la malédiction, [...] sa figure et son corps entier devinrent noirs. C'est la couleur noire qui a persisté chez ses descendants*[14] ». Enfin, pour Abū l-Faradj al-ʻIbrī (1225-1286), plus connu sous le nom de Bar Hebraeus, auteur chrétien syrien d'ascendance juive : « *Et Cham, le père de Canaan, vit la nudité de son père et la montra à ses deux frères [...]. Canaan fut maudit et non Cham, et avec la malédiction, il devint noir et la noirceur fut transmise à ses descendants*[15] ». Parallèlement à cette histoire, Ephrem le Syrien enseigne également que Caïn est devenu noir après le meurtre d'Abel : « *Abel était brillant comme la lumière, mais le meurtrier était noir comme l'obscurité*[16] ». Le Livre d'Adam, apocryphe de l'Arménie chrétienne du Vème ou VIème siècle le dit aussi : « *Il [le Seigneur] frappa le visage de Caïn avec la grêle, lequel noircit comme le charbon, et il resta ainsi avec la figure noire*[17] ». Le mariage de Cham avec une descendante de Caïn, évoqué plus tard dans l'étude, rend sa postérité noire de peau aussi par la mère bien qu'elle le soit déjà par le père. Cependant, il n'y a encore une fois aucune allusion à une infériorité.

L'origine de la peau noire comme conséquence d'une faute de l'ancêtre Cham n'a donc aucun lien avec le racisme des XVIIème et XVIIIème siècles. Les sources sont plus anciennes et vont à son encontre : aucune infériorité, aucun climat chaud abrutissant les gens et, au contraire, l'existence d'un ancêtre commun à tous les hommes.

2
L'esclavage

Après 1538, l'Eglise catholique ne se prononçait plus sur le sujet. Rappelons qu'avant, elle acceptait l'esclavage de peuples dits à faible moralité afin d'arrêter leurs exactions (cannibalisme, sacrifices humains...) jusqu'à ce qu'ils reviennent à la loi divine.

Par la suite, les protestants hollandais ont admis l'esclavage des Noirs africains. C'est Jean Louis Hannemann, en 1677 qui évoque, dans son exposé *Curiosum Scrutinium nigritudinis posterorum Cham i.e. Aethiopum*, le fait que les Éthiopiens sont devenus esclaves à cause de la malédiction de Cham[18]. Ils furent suivis par les anglicans et si l'Eglise catholique a maintenu son silence, des dirigeants locaux ont adhéré à cette justification tant et si bien que lors de Vatican I (1869-1870), un groupe de 65 évêques s'est approché du Pape avec un postulatum pour solliciter que le Saint Père lève la malédiction qui pèse sur les fils de Cham[19].

Là encore, les sources sont anciennes. Les protestants ont repris les propos d'Origène (185-253), dans son ouvrage *Homélie sur la Genèse,* qui disait déjà des Egyptiens : « *Au contraire, Pharaon réduisit facilement le peuple égyptien en servitude à lui-même et il n'est pas écrit qu'il y employa la force, car les Egyptiens sont facilement portés à une vie dégradante et deviennent vite les esclaves de toute espèce de vices. Considère leur origine : tu verras que leur ancêtre Cham, qui s'était moqué de la nudité de son père, avait mérité cette sentence : que son fils Canaan serait l'esclave de ses frères, pour que sa condition d'esclave témoigne de la dépravation de ses mœurs. Ce n'est donc pas sans raison que la postérité décolorée reproduit la corruption de la race*[20] ». **Toutefois, pour Origène, il s'agissait d'expliquer pourquoi la descendance de Cham se retrouvait souvent, du fait de ses mœurs, en situation d'esclavage et non à le justifier à grande échelle.**

Cette même affirmation courrait également au sein des musulmans. Ibn Khaldun (1332-1406) dans son livre *Prolégomènes de l'Histoires des Berbères* affirmait déjà : « *Certains généalogistes qui n'avaient pas de connaissance sur la vraie nature humaine imaginaient que les Noirs sont des descendants de Cham, fils de Noé, qu'ils étaient caractérisés par une peau noire résultant d'une malédiction sur eux du fait de leur père qui s'est* manifesté par la couleur de peau de Cham lui-même et l'esclavage que Dieu infligeait sur sa descendance ». Si ce n'est qu'Ibn Khaldun contestait cette affirmation car les sociétés orientales de son époque étaient déjà en prise avec un racisme anti Noir non religieux et qu'il y adhérait personnellement. Il invoquait déjà la théorie des climats pour conclure que les Noirs africains « ressemblent plutôt à des animaux sauvages », qu' « ils ne méritent pas d'être comptés parmi les hommes ».

Le concept de l'esclavage comme conséquence de la malédiction de Cham n'a donc aucun lien avec le racisme des XVIIème et XVIIIème siècles. Les sources sont plus anciennes et vont à son encontre. Est mis en avant un lignage humain aux mœurs débridées que l'esclavage doit ramener à la loi divine et non pas une espèce différente d'hommes ou un climat chaud abrutissant des gens sans espoir de rédemption et dont l'état naturel serait de rester à jamais esclave.

III
LA PRETRISE

Que ce soit la couleur de peau ou le statut d'esclave, aucun des deux aspects de la malédiction de Cham n'a de rapport avec les théories racistes des XVIIème et XVIIIème siècles. Comment alors croire que l'interdiction de prêtrise, un sujet purement religieux, puisse être lié au racisme ?

Brigham Young lia l'interdiction de prêtrise à Cham, en raison de son mariage. En effet, c'est parce qu'il épouse une descendante de Caïn, qu'il ne peut transmettre la prêtrise à son lignage.

Cet argument de mariage interdit entraînant une interdiction de transmettre la prêtrise ne reprend ni les arguments avancés par les laïcs pour justifier l'infériorité des Noirs, ni les arguments avancés par les religieux pour justifier la couleur de peau et l'esclavage. Si Brigham Young avait voulu mettre en relation la prêtrise avec la couleur de peau, il aurait présenté l'interdiction comme un prolongement du comportement de Cham sous la tente.

La justification donnée par Brigham Young est aussi soutenue par des sources anciennes. C'est l'objet des chapitres suivants. Le document araméen de Lévi (IIIème siècle avant Jésus-Christ) retrouvé au sein des manuscrits de la mer morte enseignait déjà l'interdiction de mariage du fait du lignage comme loi de la prêtrise. De même, Rachi (1040-1105) affirmait qu'Abba Bar Kahana enseignait au IVème siècle la survivance du lignage Caïnite après le déluge.

CHAPITRE DEUX

LE CRITERE DU LIGNAGE

Parler d'une interdiction faite aux Noirs de détenir la prêtrise est un raccourci fâcheux laissant croire à une interdiction concernant une couleur de peau alors même que tous les Noirs n'étaient pas sous l'interdiction.

Si les réponses données font parfois référence aux Noirs, la lecture d'autres citations de dirigeants précise les sujets de l'interdiction : Bruce R. McConkie (1915-1985), trois ans après la révélation de 1978 confirme qu'il s'agissait d'une interdiction sur un lignage : « *L'ancienne malédiction n'est plus.* **La descendance de Caïn et de Cham et de Canaan et d'Egyptus et de Pharaon** *(Abr. 1 : 20-27 ; Moïse 5 : 16-41 ; 7 :8, 22) – Tous, maintenant ont le pouvoir de se lever et de bénir Abraham comme leur père. Tous, **du lignage des Gentils**, peuvent maintenant venir et hériter par adoption de toutes les bénédictions d'Abraham, Isaac et Jacob (Rom. 8 : 14-24 ; 9 :4 ; Gal. 4 :5 ; Eph. 1 :5 ; Enseignements, pp. 149-50)*[21] ». Plus encore, dix ans après la révélation, lors d'un discours donné le 15 mai 1988, à un coin de feu mondial commémorant le 159ème anniversaire de la restauration de la prêtrise, Gordon B. Hinckley, alors premier conseiller dans la Première Présidence, a indiqué qu'ils commémoraient ce jour-là plusieurs événements importants dont : « *La révélation par laquelle l'obtention de la prêtrise devint possible pour tout homme, sans distinction de lignage*[22] ».

Notre perception des lignages est très mauvaise. Pour la société actuelle, le lignage n'a plus beaucoup de sens. Nous n'hésitons pas à mettre en avant quelques écritures individualistes pour nier l'existence de ce critère (I). Pourtant, le Christ l'appliqua (II) et il reste toujours d'actualité aujourd'hui (III). Ce critère du lignage, c'est avant tout celui d'un lignage favorisé, celui d'Abraham, d'Isaac et de Jacob. Son statut particulier repose sur une alliance faite de commandements et de promesses, même si ce favoritisme certain doit être nuancé au sein des lignages issus d'Abraham et plus encore au niveau de l'individu (IV).

I
DES ECRITURES INDIVIDUALISTES

Fort de notre vision individualiste, nous interprétons trop rapidement certaines écritures parlant de l'individualité du péché (1) et de vaines généalogies (2).

1
L'individualité du péché

Edward L. Kimball, dans son étude *Spencer W. Kimball et la révélation sur la prêtrise*, à la note de bas de page n°10, se questionne sur l'antagonisme apparent entre plusieurs écritures : « *l'article de foi que les hommes seront punis pour leurs propres péchés et non pour la transgression d'Adam[23] souligne la responsabilité individuelle, et Ezéchiel 18 : 20 conteste la culpabilité du fait du lignage : « L'âme qui pèche, c'est celle qui mourra.*

Le fils ne portera pas l'iniquité de son père, et le père ne portera pas l'iniquité de son fils. La justice du juste sera sur lui, et la méchanceté du méchant sera sur lui[24] ». [...] Bien que l'idée de bénédiction ou malédiction de lignage n'est pas étrangère aux écritures. De notables exemples sont la descendance d'Abraham, lignage béni (Gen. 22 : 17-18) et les lamanites dans le Livre de Mormon, un lignage maudit (2 Né. 5 : 21) [25] ».

Il n'y a pas ici d'antagonisme. Un mot revient dans les deux passages, celui de *péché* avec, pour celui qui a péché et ne se repent pas, la conséquence de ne pas pouvoir retourner vivre en présence de Dieu. Cette introspection est personnelle et **l'ouverture des portes du royaume céleste dépend uniquement de nos propres péchés** et non de ceux d'un autre, ascendant ou non.

Mais les actes des ancêtres, qu'ils soient bons ou mauvais, ont des incidences sur la descendance. La transgression d'Adam, citée dans le deuxième article de foi, a eu indéniablement des répercussions dans la vie de sa postérité : La première en est l'existence même de la postérité. Sans la transgression, l'homme ne serait pas. Adam serait resté seul avec Eve, non sujets à la mort, en présence de notre Père céleste, sans possibilité d'évolution. En prenant du fruit défendu, ils obtiennent les bénédictions d'une postérité, de la connaissance du bien et du mal, de la joie de la rédemption et d'une possible progression éternelle. Cependant, ils deviennent aussi sujets, tout comme leur descendance, à la maladie, à la mort physique, faisant l'expérience du dur labeur, de la douleur et du chagrin.

L'influence de l'ascendance sur les conditions de vie est particulièrement exposée dans le Livre de Mormon. De nombreux passages font référence aux **traditions des pères** ayant induit en erreur la postérité lamanite, ayant transmis de mauvaises croyances et de mauvais comportements les privant de bénédictions[26]. Par exemple, le Livre d'Alma mentionne : « *Ainsi, ils étaient un peuple très indolent, dont beaucoup adoraient les idoles, et la malédiction de Dieu était tombée sur eux à cause des traditions de leurs pères*[27] ». La postérité passe à côté de l'Evangile et des bénédictions spirituelles qui en découlent, en grande partie à cause des traditions des pères qui l'ont induite en erreur. Le quotidien de la descendance est indéniablement impacté par les actes des ancêtres.

Bien que notre condition mortelle soit impactée par le comportement de nos ancêtres, seuls nos œuvres et nos péchés seront pris en compte pour déterminer notre droit à retourner vivre en présence de Dieu.

2
Les vaines généalogies

Un autre antagonisme apparent se trouve dans des passages scripturaires considérant les généalogies comme vaines. Paul enseigne à Timothée de ne pas « *s'attacher à des généalogies sans fins, qui produisent des discussions plutôt qu'elles n'avancent l'œuvre de Dieu dans la foi*[28] ». Le même conseil est donné à Tite : « *Mais évite les discussions folles, les généalogies, les querelles, les disputes relatives à la loi car elles sont inutiles et vaines*[29] ».

Or là encore, l'antagonisme n'est pas réel. En effet, à l'époque du Christ, les juifs considéraient qu'ils étaient les seuls à pouvoir accéder au salut, en tant que peuple élu[30]. L'appartenance au peuple élu se prouvait par la généalogie, que les juifs conservaient donc très précieusement. **L'ascendance était examinée d'encore plus près quand un homme revendiquait le droit d'exercer le sacerdoce en tant que descendant d'Aaron. S'il ne pouvait pas prouver de son lignage, il en était exclu**[31]. Hérode était Iduméen, il était jaloux de l'origine noble des juifs. Il fit détruire les registres publics, y compris les tables généalogiques. Dès lors, les juifs ne purent se référer à leurs origines que par la mémoire, tentant de reconstituer des généalogies sans fin et incertaines[32].

Cette querelle juive est bien une preuve de l'importance du lignage dans l'obtention de la prêtrise. Cependant, nous le verrons bientôt, cet acharnement à vouloir reconstituer des généalogies avait bien moins d'intérêt à l'époque de Paul. Celui-ci enseigne à Timothée et à Tite de ne pas perdre de temps avec les vaines généalogies car les droits de membre et de détention de la prêtrise venaient d'être étendus aux païens par une nouvelle façon d'intégrer le lignage d'Abraham : l'adoption.

II
L'APPLICATION DU CRITERE
PAR LE CHRIST

Lorsque le Christ envoya ses apôtres prêcher l'Evangile, il leur donna expressément cette recommandation : « *N'allez pas vers les païens, et n'entrez pas dans les villes des Samaritains ; allez plutôt vers les brebis perdues de la maison d'Israël[33]* ».

Lui-même a reçu cette recommandation de Dieu : « ***Je n'ai été envoyé qu'aux brebis perdues de la maison d'Israël[34]*** ». Les évangiles confirment que le Seigneur exerça son ministère parmi le peuple d'Israël. Ainsi, ce peuple eut droit à deux faveurs divines : la primauté de la connaissance de l'Evangile et la présence du Seigneur pendant son ministère terrestre.

Deux faveurs divines dont les juifs ne surent pas profiter puisqu'ils ne reconnurent pas leur Sauveur, si bien que Paul et Barnabas dirent aux juifs après l'ouverture du baptême aux Gentils : « *C'est à vous premièrement que la parole de Dieu devait être annoncée mais puisque vous l'avez repoussée, et que vous vous jugez vous-mêmes indignes de la vie éternelle, voici, nous nous tournons vers les païens[35]* ».

III
L'APPLICATION DU CRITERE
A NOTRE EPOQUE

Entre le ministère terrestre du Christ et les épîtres de Paul, Pierre a reçu une révélation l'informant que la maison d'Israël n'avait plus l'exclusivité pour recevoir l'Evangile et que des païens pouvaient être baptisés[36]. Par ce revirement, se pose légitimement la question du lignage. Lui qui était si important précédemment a-t-il disparu ?

Bien au contraire, la réponse de Paul confirme l'actualité du lignage. L'Evangile est le privilège du lignage d'Abraham. Et si les païens y accèdent, c'est parce que le baptême les fait entrer dans la postérité d'Abraham par adoption : « *Vous tous, qui avez été baptisés en Christ, vous avez revêtu Christ [...] Et si vous êtes à Christ, vous êtes donc la postérité d'Abraham, héritiers selon la promesse*[37] ».

Cette promesse fut faite aussi à Abraham : « *Car tous ceux qui recevront cet Évangile seront appelés de ton nom, seront considérés comme ta postérité et se lèveront et te béniront, toi, leur père*[38] ».

Joseph Fielding Smith (1876-1972) précise que ce rattachement à Abraham par adoption se fait plus précisément par le lignage de Jacob : « *Tous ceux qui adoptent l'Evangile deviennent membres de la maison d'Israël. En d'autres termes, ils deviennent membres du lignage élu ou les enfants d'Abraham par Isaac et Jacob, à qui les promesses furent faites* ». Il ajoute un peu plus tard : « *Ceux qui ne sont pas descendants littéraux d'Abraham et d'Israël doivent le devenir, et quand ils sont baptisés et confirmés ils sont greffés sur l'arbre et peuvent prétendre à tous les droits et à tous les avantages en tant qu'héritiers*[39] ».

John A. Widtsoe (1872-1952) va encore plus loin, affirmant qu'un descendant de sang perdra son lignage s'il refuse l'Evangile : « *Tous ceux qui acceptent le plan de Dieu pour ses enfants sur terre et qui le suivent sont les enfants d'Abraham. Ceux qui rejettent l'Evangile, qu'ils soient ses enfants dans la chair ou d'autres personnes, sont déchus des promesses faites à Abraham et ne sont pas ses enfants*[40] ».

A notre époque encore, l'indication par le patriarche, dans les bénédictions patriarcales, du rattachement à Jacob par une des douze tribus garde donc tout son sens.

La révélation moderne confirme également que la prêtrise est aujourd'hui détenue en vertu du lignage. Nous lisons dans les Doctrine et Alliances : « *Questions par Elias Higbee : Que veut dire le commandement donné dans Esaïe, chapitre 52, verset 1, qui dit : Revêts-toi de ta force, Sion ; et à quel peuple Esaïe faisait-il allusion ? Il faisait allusion à ceux que Dieu appellerait dans les derniers jours, qui détiendraient le pouvoir de la prêtrise pour ramener Sion, et la rédemption d'Israël ; et se revêtir de l'autorité de la prêtrise, à laquelle, elle, Sion, a droit par lignage, et aussi retourner à ce pouvoir qu'elle avait perdu*[41] *».*

Ainsi, tout détenteur de la prêtrise aujourd'hui, ne détient cette prêtrise qu'en tant que postérité d'Abraham, appartenant à son lignage, par le sang ou par adoption.

IV
LE LIGNAGE FAVORISE D'ABRAHAM

Les écritures foisonnent de bénédictions de lignage. Nous trouvons ainsi, plus ou moins développées, chacune des bénédictions des douze fils de Jacob[42], reprises par Moïse plusieurs centaines d'années plus tard pour rappeler à chaque lignage les bénédictions le concernant[43]. Nous trouvons également les bénédictions faites sur les descendances d'Ismaël et d'Isaac[44], d'Ephraïm et de Manassé[45] ou encore de Laman et de Lémuel[46]. Le lignage de Pharaon fut spécifiquement béni en sagesse[47], ce qui explique sans doute la longévité inégalée de la civilisation égyptienne pendant trois millénaires.

Mais de tous les lignages, aucun n'égale en promesses celui d'Abraham, contreparties de l'engagement du peuple à n'avoir qu'un seul et unique Dieu et à l'adorer selon ses commandements. Le tout a été développé et commenté sous le terme d'**Alliance Abrahamique**.

Les promesses sont au nombre de quatre : promesse d'être le peuple de l'alliance (1), promesse d'une terre (2), promesse d'une postérité (3) et promesse de pouvoir profiter de la prêtrise (4). Des promesses qui sont faites parfois pour cette vie, parfois seulement pour la suivante, au sein même du peuple de l'alliance.

1
Etre le peuple de l'alliance

Alors que son père Terach s'était détourné des voies de Dieu, Abram rechercha les bénédictions de ses ancêtres. Il savait qu'il faisait partie d'un lignage qui avait droit à la connaissance de l'Evangile et à la détention de la prêtrise. Il trouva grâce aux yeux du Seigneur qui établit son Alliance avec lui et sa postérité en ces termes : « *J'établirai mon alliance entre moi et toi, et tes descendants après toi, selon leurs générations : ce sera une alliance perpétuelle, en vertu de laquelle **je serai ton Dieu et celui de ta postérité après toi***[48] ». En signe d'alliance, le Seigneur changea les noms d'Abram en Abraham et de Saraï en Sarah[49] et demanda la circoncision de tout mâle à l'âge de 8 jours[50].

L'alliance ainsi créée avec le lignage d'Abraham n'est pas pour Dieu un simple contrat dont chaque partie peut se désengager à tout moment. Certes, Dieu n'est lié que tant que le peuple marche devant sa face et est intègre[51] mais outre les engagements réciproques, cette alliance est faite d'amour, de compassion, de pardon et de patience comme le montrent les passages d'écritures suivants : « *Voici, je t'ai gravée sur mes mains*[52] », « *Une femme oublie-t-elle l'enfant qu'elle allaite ? N'a-t-elle pas pitié du fruit de ses entrailles ? Quand elle l'oublierait, Moi je ne t'oublierai point*[53] », « *Combien de fois ai-je voulu rassembler tes enfants, comme une poule rassemble ses poussins sous ses ailes, et vous ne l'avez pas voulu !*[54] » et au-delà de l'apostasie prédite : « *Je me souviendrai de mon alliance avec Jacob, je me souviendrai de mon alliance avec Isaac et de mon alliance avec Abraham, et je me souviendrai du pays. Le pays sera abandonné par eux, et il jouira de ses sabbats pendant qu'il restera dévasté loin d'eux ; et ils paieront la dette de leurs iniquités, parce qu'ils ont méprisé mes ordonnances et que leur âme a eu mes lois en horreur. Mais, lorsqu'ils seront dans le pays de leurs ennemis, je ne les rejetterai pourtant point, et je ne les aurai point en horreur jusqu'à les exterminer, jusqu'à rompre mon alliance avec eux ; car je suis l'Éternel, leur Dieu. Je me souviendrai en leur faveur de l'ancienne alliance, par laquelle je les ai fait sortir du pays d'Égypte, aux yeux des nations, pour être leur Dieu*[55] ».

Cependant, des générations entières du peuple élu sont nées pendant l'apostasie et n'ont pu bénéficier des bénédictions promises. Seule la vie suivante peut leur permettre de les obtenir.

2
Une terre

La seconde promesse faite à Abraham et à sa postérité est une terre en héritage. Le Livre de la Genèse rapporte les paroles du Seigneur à Abraham : « *Je te donnerai, et à tes descendants après toi, le pays que tu habites comme étranger, tout le pays de Canaan, en possession perpétuelle*[56] ». Le Livre d'Abraham rapporte cette même promesse en des termes proches : « *Lève-toi [...] car j'ai résolu de te faire sortir de Charan et de faire de toi un ministre qui portera mon nom dans un pays étranger que je donnerai en possession éternelle à ta postérité après toi, lorsqu'elle écoutera ma voix*[57] ».

Pourtant, Abraham lui-même ne bénéficia pas de cette bénédiction. Il ne posséda pas personnellement la terre de Canaan. Sur les 3900 ans approximatifs passés depuis que la promesse a été faite, bon nombre de ses descendants ne purent également la posséder. Beaucoup de générations nées pendant la diaspora ne purent bénéficier de cette bénédiction.

3
Une postérité

La troisième promesse faite à Abraham touchant aussi sa descendance est une postérité sans fin. Le Seigneur s'adressa en ces termes à Abraham : « *Je te multiplierai à l'infini [...] Tu deviendras le père d'une multitude de nations*[58] ».

Si Abraham a obtenu cette postérité sans fin, il n'en n'est pas de même pour certains de ces descendants qui sont morts trop jeunes ou n'ont pas pu se marier, d'autres étaient stériles, des postérités se sont éteintes.

4
La prêtrise

La quatrième promesse faite à Abraham est la détention de la prêtrise. Une promesse, nous dit le Livre d'Abraham, qu'Abraham recherchait non pas du fait d'une révélation personnelle dans laquelle Dieu la lui aurait promise, mais qu'il revendiquait du fait de son lignage : « *Je recherchai les bénédictions des pères et le droit auquel je devais être ordonné pour administrer celles-ci [...] Je devins héritier légitime, Grand Prêtre, détenant le droit qui appartenait aux Pères [...] Je recherchai ma désignation à la prêtrise, selon le décret lancé par Dieu aux pères concernant la postérité*[59] ».

Après avoir abordé sa propre situation, ce n'est pas sans raison qu'il évoque celle de Pharaon, son rival. Ce dernier aussi revendique le droit à la prêtrise par lignage, un lignage qu'Abraham mentionne interdit de prêtrise : « *Or, Pharaon, étant de ce lignage qui ne lui donnait pas droit à la Prêtrise, bien que les pharaons s'en réclamassent volontiers de Noé par Cham[60]* ». **L'écriture ne dit pas que c'était un lignage qui n'avait pas la prêtrise mais que c'était un lignage qui n'avait pas droit à la prêtrise.** A ce stade de l'étude, nous n'évoquerons pas encore les raisons de cette interdiction de détenir la prêtrise faite au lignage de Pharaon mais les écritures sont claires : **la détention de prêtrise pour Abraham autant que l'interdiction pour Pharaon sont toutes les deux justifiées par leurs lignages respectifs.**

Ceci étant, au sein même de la descendance d'Abraham, tous ne purent la détenir ou même bénéficier de ses bénédictions.

Certains pourraient croire à une injustice de Dieu dans le fait d'avoir favorisé la postérité d'Abraham en général et le peuple d'Israël en particulier. Nous pouvons déjà nuancer ces faveurs par leur application terrestre mesurée. Mais plus encore, sur terre, la justice de Dieu ne réside pas dans une stricte égalité entre les hommes ou les lignages mais elle nous donne la possibilité d'accéder aux mêmes bénédictions dans la vie à venir. Cela ne dépend que de notre obéissance terrestre aux lois que nous savons justes d'après notre conscience.

L'accès aux mêmes bénédictions est possible à tous ceux qui seront trouvés dignes grâce à l'œuvre du temple en faveur des personnes décédées. A chaque fois que nous accomplissons des ordonnances pour des morts, ils accèdent par procuration au baptême, deviennent membres de la postérité d'Abraham et entendent prononcer sur leurs têtes les quatre promesses faites à Abraham : appartenir au peuple de l'alliance, obtenir une terre, une postérité et la prêtrise.

Qu'en est-il de la préservation du lignage élu ? Avait-il le droit de se mélanger avec d'autres lignages ? Si oui, le mariage permettait-il de transmettre la prêtrise à la postérité ?

CHAPITRE TROIS

LA PURETE GENEALOGIQUE, UNE LOI DE LA PRETRISE

Au sein du peuple d'Israël, les détenteurs de la prêtrise ont toujours constitué un groupe à part, soumis à des règles plus strictes touchant les domaines de la vie quotidienne. Le mariage n'échappe pas à cette singularité.

La pureté généalogique est une loi de la prêtrise (I). Son non-respect empêche de transmettre la prêtrise à la descendance issue du mariage illicite (II).

I
LA PURETE GENEALOGIQUE

La découverte des manuscrits de la mer morte a permis de mettre à jour l'un des plus anciens documents juifs retrouvés à ce jour, le Document Araméen de Lévi datant du IIIème siècle avant Jésus-Christ ainsi que le Livre de Tobit datant du IIème siècle avant Jésus-Christ. Ces documents évoquent précisément notre sujet (1). Ils éclairent sous un jour nouveau des passages de la Bible (2). Même des érudits évoquent aujourd'hui l'impureté généalogique (3).

1
Le Document Araméen de Lévi[61]
et le Livre de Tobit[62]

Le Document Araméen de Lévi traite de l'ordination à la prêtrise de Lévi par son père Jacob suivie d'une visite de la famille au grand-père

Isaac. Ce dernier enseigne alors à son petit-fils les lois relatives à la prêtrise.

Le Document Araméen de Lévi évoque la rencontre en ces termes : « *Et Isaac notre Père nous vîmes, il nous bénit et se réjouit. Et quand il apprit que j'étais prêtre du très-haut, le Seigneur des cieux, il commença à m'instruire et à m'enseigner les lois de la prêtrise. Et il me dit : « Lévi, mon fils, méfie-toi de toute impureté et de tout péché, ton jugement est supérieur à celui de toute chair. Et maintenant mon fils, je vais t'enseigner la vraie loi et je ne te cacherai rien, pour t'enseigner **la loi de la prêtrise**. Avant tout, méfie-toi mon fils de toute fornication, de toute impureté et de toute prostitution. Et **marie-toi à une femme de ma famille** et ne souille pas ta descendance avec des prostituées **car tu es une race sainte**, et sanctifie ta postérité comme un endroit saint car tu as été ordonné saint prêtre pour toute la postérité d'Abraham. Tu es proche de Dieu et de tous ses saints. Maintenant, sois pur dans ta chair de toute impureté de l'homme*[63] » ».

Le Livre de Tobit rapporte les propos similaires de Tobit à son fils Tobias : « ***Mon fils, garde toi de toute union illégale***. *Et tout d'abord,* ***prends femme dans la descendance de tes pères. Ne prends pas une étrangère, qui n'est pas de la tribu de tes pères ; car nous sommes les fils des prophètes : de Noé, qui fut le premier prophète, d'Abraham, Isaac et Jacob, nos pères des origines. Souviens-toi, mon fils : ils ont tous pris femme dans le clan de leurs frères*** *; ils ont été bénis dans leurs fils, et leur descendance aura un héritage*[64] ».

Une première remarque à ce stade : la règle n'est pas seulement d'éviter l'idolâtrie des femmes étrangères mais bien de choisir une femme parmi son clan, parmi sa famille.

Cette règle fait écho à plusieurs passages de l'Ancien Testament.

2
Passages de la Bible

Abraham appliqua la règle à son fils Isaac, héritier de l'alliance[65], en commandant à son serviteur de rechercher pour son fils une femme de sa patrie : « *Abraham dit à son serviteur [...] : Mets, je te prie, ta main sous ma cuisse, et je ferai jurer par l'Eternel le Dieu du ciel et le Dieu de la terre, de ne pas prendre pour mon fils une femme parmi les filles des Cananéens au milieu desquels j'habite,* **mais d'aller dans mon pays et dans ma patrie prendre une femme pour mon fils Isaac**[66] ».

A son tour Isaac donna le même commandement à son fils Jacob : « *Isaac appela Jacob, le bénit, et lui donna cet ordre : Tu ne prendras pas une femme parmi les filles de Canaan.* **Lève-toi, va à Paddan Aram, à la maison de Bethuel, père de ta mère, et prends-y une femme d'entre les filles de Laban, frère de ta mère**[67] ».

A l'inverse, les réactions de Rebecca sont très vives lorsque son fils Esaü décide de se marier avec des filles de Heth : « *Je suis dégoûtée de la vie à cause des filles de Heth. Si Jacob prend une femme, comme celles-ci, parmi les filles de Heth, parmi les filles du pays, à quoi me sert la vie ?*[68] ».

La référence à « *la famille* » écarte de facto tout mariage avec les lignages lointains. Sans avoir besoin de définir ce qui est ou n'est pas de la famille, **si Cham s'est marié avec une descendante de Caïn, il a sans conteste violé cette loi de la prêtrise** puisque le lignage de Caïn est de tous le plus lointain. Il fallait à Cham remonter jusqu'au premier homme Adam pour trouver l'ancêtre qu'il avait en commun avec son épouse.

3
Propos d'érudits

Christine Hayes a fait un apport majeur dans son livre *Gentile Impurities and Jewish Identities : Intermarriage and Conversion from the Bible to the Talmud*[69] en reconnaissant, aux côtés des impuretés rituelles et des impuretés morales, *les impuretés généalogiques*. Basée sur la notion de « *race sainte* » chère à Esdras[70], l'impureté généalogique est constituée dès lors que le lignage des prêtres se mélange avec des étrangères.

L'interdiction ne se limite d'ailleurs pas aux étrangères. La « *race sainte* » ne peut pas se mélanger au sein même de « *la famille* » avec des « *prostituées*[71] ». Comme l'affirme John Kampen, à l'époque, la définition de prostituée diffère de celle d'aujourd'hui, elle englobe toutes les pratiques sexuelles non permises[72], y compris les mariages interdits.

Flavius Josèphe disait : « *Nos ancêtres… prenaient des précautions pour s'assurer que le lignage des prêtres soit gardé non adultère et pur*[73] ».

La vérification du droit à officier se faisait sur présentation des livres généalogiques et sur des témoignages[74]. En cas de simple doute, le candidat était évincé[75].

Afin d'éviter les ascendances douteuses au sein même de la famille, Rachi (1040-1105) enseigna dans le Guérama Yévamot (84b) : « *Un cohen, tant qu'il peut se marier avec une fille de Cohen, il ne doit pas épouser une Israël. Ce qui signifie qu'un Cohen qui a la possibilité d'épouser une fille de Cohen qui lui correspond se doit de l'épouser et ne doit pas prendre pour épouse une femme Israël* ».

L'apport de Christine Hayes pour l'étude ne s'arrête pas là puisqu'elle ajoute aussi qu'à la différence des autres impuretés, l'impureté généalogique a pour conséquence d'empêcher la transmission de la prêtrise à la descendance (II).

II
L'IMPOSSIBLE TRANSMISSION
A LA DESCENDANCE

Christine Hayes distingue trois sortes d'impuretés :
les impuretés rituelles, les impuretés morales et les
impuretés généalogiques.

Les impuretés rituelles sont les impuretés
personnelles inévitables liées à la vie quotidienne :
la naissance, la mort, les menstruations, la
maladie... Ces impuretés engendrent pour la
personne une diminution de la communion avec le
divin. Il est possible d'y remédier au travers de
rituels de purification.

Les impuretés morales sont des impuretés
personnelles fautives dues à des actes immoraux
comme la dépravation sexuelle ou l'idolâtrie. Il est
possible d'en être purifié par le châtiment et le
repentir.

**Les impuretés généalogiques sont un héritage.
Elles consistent en la présence au sein de
l'ascendance d'ancêtres interdits par la loi
divine, venant souiller la pureté du lignage. Ces
impuretés ne disparaissent pas par des rituels ni
par le repentir. Elles écartent son porteur du
sacerdoce. Aussi la seule façon de ne pas
alimenter ces impuretés est de ne pas contracter
de mariage interdit. Si c'est déjà le cas, il
convient de renvoyer les épouses et la**

41

descendance qui en est née afin qu'elles ne soient pas une occasion de souillure pour le lignage pur restant.

Cette règle trouve un parfait exemple au temps d'Esdras et Néhémie. Lorsqu'en 538 avant Jésus-Christ, l'édit de Cyrus permit aux Israélites de rentrer en Judée, une petite partie d'entre eux décida de revenir en Palestine. 114 dont 17 prêtres, 6 lévites et 4 fonctionnaires du temple se marièrent avec les filles des peuples du pays, mélange notamment de Cananéens, d'Edomites, d'Egyptiens, de Moabites et d'Ammonites. Les trois premiers sont descendants de Cham, les deux derniers ont refusé leur aide aux Israélites. Esdras fit promettre sous serment de renvoyer les femmes ainsi que les enfants nés d'elles et en constata l'accomplissement partiel[76]. Néhémie après lui eut plus de succès. Un prêtre dans cette situation ne pouvait pas transmettre la prêtrise à sa postérité.

Ainsi, un mariage peut suffire à justifier la perte de la prêtrise pour la postérité, cela quand bien même l'épouse et les enfants auraient adhéré aux croyances de leur mari ou père. Pour les Israélites, un tel mariage n'était d'ailleurs pas reconnu. Il était réputé nul et non avenu. Les coupables n'avaient pas besoin de divorcer, le divorce ne pouvant faire suite qu'à un mariage reconnu valide.

Quant à Cham maintenant, a-t-il aussi perdu ce droit à la prêtrise pour sa descendance en se mariant en dehors de la famille ?

CHAPITRE QUATRE

LE MARIAGE INTERDIT DE CHAM

La raison de l'interdiction faite au lignage chamitique de détenir la prêtrise est connue depuis son rétablissement. Nous en avons trace dès 1849[77] : Cham s'est marié en dehors de sa famille en épousant une descendante de Caïn (1), un lignage qui avait rapidement perdu le droit de détenir la prêtrise (2).

I
LE MARIAGE DE CHAM
AVEC UNE DESCENDANTE DE CAIN

Une descendante de Caïn était-elle dans l'arche de Noé ? Après l'assassinat d'Abel, Caïn est parti avec plusieurs enfants et petits-enfants d'Adam pour une autre région, plus à l'est. Le Livre de Moïse précise que la postérité de Caïn n'avait pas de place parmi le reste de la postérité d'Adam[78]. Cependant, le temps passant, le peuple d'Adam est également tombé dans la méchanceté et a vraisemblablement fini par instaurer des échanges avec la postérité de Caïn. Une descendante de ce dernier devint-elle épouse d'un des passagers de l'arche ? L'idée d'une survivance du lignage Caïnite après le déluge est très ancienne (1), il s'agirait de Naama (2) épouse de Cham (3). Nous analyserons l'apport du Livre d'Abraham sur cette question (4).

1
La survivance du lignage de Caïn
après le déluge

L'idée d'une survivance du lignage de Caïn après le déluge est très ancienne. Le rabbin Abba Bar Kahana l'affirmait déjà à son époque, au **IVème siècle après Jésus-Christ**, selon Rachi, qui le nota dans un commentaire du *Genese Rabbah*[79].

2
Naama, l'épouse

Le Livre de la Genèse liste une partie de la descendance de Caïn. Naama, fille de Lamech et sœur de Tubal-Cain clôt cette lignée. Or, sous le passage du Genese Rabbah « *Et la sœur de Tubal-Cain était Naama* », Rachi nota : « *R. Abba b. Kahana dit : Naama était l'épouse de Noé* ».

La Bible n'en dit pas autant. Elle indique juste que : « *La sœur de Tubal-Cain était Naama*[80] ». **Notons toutefois qu'il n'est pas dans les habitudes des textes bibliques de citer le nom des enfants de sexe féminin sauf si elles ont un rôle dans la suite des événements. Partant de ce constat et eu égard à l'indication de son nom à cet instant de l'histoire, on ne voit pas l'intérêt de la citer à moins qu'elle ne soit effectivement la femme d'une des personnes entrées dans l'arche.**

A la différence des dires d'Abba Bar Kahana tels que rapportés par Rachi, le Livre du juste, ou Livre de Jasher, fait également état d'une Naama, épouse de Noé mais fille d'Enoch du lignage de Seth : « *Noé vint et prit une femme, et il choisit Naama, fille d'Enoch*[81] » (soit un mariage dans la famille). Or, ce livre, cité à deux reprises dans la Bible[82], est censé avoir des origines plus anciennes datant du IXème ou VIIIème siècle avant Jésus-Christ. Le Livre de Tobit déjà cité indique aussi que Noé s'est marié *dans la famille*[83]. **Si la Naama de Noé était du lignage de Seth, alors avec qui s'est mariée la Naama du lignage de Caïn mentionnée dans les écritures ? Ca ne peut être qu'avec un des fils de Noé qu'il reste à identifier.**

3
Cham, l'époux

Richard Cumberland (1631-1718) suggéra le premier que la Naama du lignage de Caïn était la femme de Cham en se basant sur les travaux de Plutarque (46-125). Ce grec vivait dans la Rome antique et affirmait que Cronos était Cham **après avoir comparé les Dieux Grecs aux personnages bibliques**. Richard Cumberland adhéra à la comparaison et fit remarquer que le prénom de la femme de Cronos, parfois appelée Nemanus selon Plutarque, était la forme grecque correspondant à Naama en hébreux, que par conséquent, c'est bien Cham qui devait être marié à la Naama du lignage Caïnite[84].

Les mythologies sont supposées puiser leurs origines dans des faits réels. Elles se basent sur les souvenirs de la vie d'ancêtres, grandement déformés avec le temps. Plutarque n'est pas le seul à avoir tenté des comparaisons. Beaucoup d'autres personnes l'ont également fait et d'autres ressemblances vont dans le même sens. Ainsi, il est avancé qu'Erakles est Nimrod, ce qui confirmerait dans l'ascendance Cham comme étant Cronos : Erakles (Nimrod), fils de Zeus (Cush), fils de Cronos (Cham), fils d'Ouranos, le Dieu primitif (Noé).

Si l'on s'en tient aux références les plus anciennes, il y aurait donc eu une survivance du lignage de Caïn par une femme qui n'est pas celle de Noé. L'étude de la mythologie fait pencher pour la femme de Cham.

4
Les apports du Livre d'Abraham

Il y a un passage scripturaire qui traite du lignage de Pharaon en précisant qu'il est interdit de prêtrise et son étude est particulièrement instructive car il est très précis : « ***Or, ce roi d'Égypte était un descendant des reins de Cham***, *et, de par sa naissance, était du même sang que les Cananéens. C'est de cette lignée que provenaient tous les Égyptiens, et c'est ainsi que le sang des Cananéens fut conservé dans le pays. Le pays d'Égypte fut découvert en premier lieu par une femme, qui était fille de Cham et fille d'Égyptus, ce qui, en chaldéen,* *signifie Égypte, ou ce qui est interdit. Lorsque cette femme découvrit le pays, il était inondé; elle y établit ensuite ses fils; et c'est ainsi que, **de Cham**, provint cette race qui conserva la malédiction dans le pays. Or, le premier gouvernement de l'Égypte fut établi par Pharaon, fils aîné d'Égyptus, la fille de Cham, et il le fut à la manière du gouvernement de Cham, qui était patriarcal. Pharaon, homme juste, établit son royaume et jugea son peuple sagement et justement pendant toute sa vie, s'appliquant à imiter cet ordre établi par les pères au cours des premières générations, du temps du premier règne patriarcal, le règne d'Adam, et aussi celui de **Noé, son père, qui** le bénit des bénédictions de la terre et des bénédictions de la sagesse, mais **le maudit relativement à la Prêtrise.** Or, **Pharaon, étant de ce lignage qui ne lui donnait pas droit à la prêtrise, bien que les pharaons s'en réclamassent volontiers de Noé par Cham**[85] ».*

La ligne directrice du passage, surlignée dans le texte, est mise en valeur par un **syllogisme** :

> 1/Pharaon est descendant de Cham
> 2/Cham a été maudit par son père Noé relativement à la prêtrise
> 3/donc Pharaon est de ce lignage interdit de détenir la prêtrise.

Abraham utilise une figure rhétorique pour souligner que l'interdiction est arrivée par Cham et qu'elle touche le lignage de ce dernier.

Hugh Nibley (1910-2005) avance que si Pharaon n'avait pas droit à la prêtrise, c'est parce que son lignage était matriarcal et non du fait de Cham[86]. Que la prêtrise ait été obtenue de façon matriarcale rejoindrait l'interprétation d'un récit dans les papyrus de Turin et développée plus tard dans l'étude. Le lignage serait alors non détenteur de la prêtrise mais pas interdit de prêtrise. Or, **Abraham ne dit pas que Pharaon était d'un lignage qui n'avait pas la prêtrise, il précise qu'il était d'un lignage *qui ne lui donnait pas droit à la prêtrise*.**

Si on s'en tient au syllogisme, l'interdiction provient d'un acte commis par Cham. Abraham mentionne-t-il lequel ? Abraham évoque la femme de Cham en ces termes : « *Égyptus, ce qui, en chaldéen, signifie Égypte, ou ce qui est interdit* ». Ce passage n'a aucun sens à cet endroit du texte s'il n'a rien à voir avec l'idée qu'il développe. Il est très fréquent dans les écritures de trouver des noms de personnes donnés à la naissance ou en surnom pour mettre en valeur un événement, un trait de caractère ou une caractéristique particulière. Ainsi, Jacob voit son nom changé en Israël qui veut dire *celui qui a lutté avec dieu*. A l'opposé, Nimrod signifie *celui qui se rebella*. Egyptus, nous dit Abraham, signifie *ce qui est interdit*. Pourquoi le dire ici ? Si on considère la mention comme anodine, sans intérêt, elle n'a pas sa place ici. Mais si elle donne la raison de l'interdiction de la prêtrise pour Pharaon, elle est exactement au paragraphe idoine. Or nous l'avons vu dans le chapitre précédent, la cause de la perte de la prêtrise pour toute une descendance est précisément un mariage interdit.

C'est donc le mariage de Cham qui a rendu son lignage interdit de prêtrise, Abraham l'explique clairement en quelques versets.

Mais comment, le lignage de Caïn, a-t-il pour sa part perdu le droit de détenir la prêtrise ?

II
LA PERTE DE LA PRETRISE
PAR LE LIGNAGE DE CAIN

Brigham Young explique la perte de la prêtrise par le lignage Caïnite en raison de l'assassinat d'Abel (1). Ce n'est certainement que le haut de l'iceberg. La descendance a supplanté son ancêtre en méchanceté (2).

1
L'assassinat d'Abel

L'assassinat d'Abel par Caïn est rapporté à la fois dans le Livre de la Genèse[87] et dans le Livre de Moïse[88]. L'histoire est connue : Adam a de nombreux fils parmi lesquels Caïn et Abel. Abel devient berger et respecte promptement les commandements. Caïn devient laboureur et prend des libertés avec les commandements. Le Seigneur enseigne à Adam d'offrir en sacrifice les premiers-nés de ses troupeaux en similitude du sacrifice à venir du Fils unique du Père. Caïn, qui en fut assurément avisé, décide d'offrir les fruits de la terre qu'il a récoltés. En conséquence de sa désobéissance, Dieu pose un regard défavorable sur son offrande et le met en garde. Au lieu de se repentir, Caïn s'irrite. Jaloux de son frère, convoitant ses troupeaux, il prémédite son geste. Il fait alliance avec Satan pensant pouvoir tuer son frère sans être découvert. Mais Dieu le sait. Après l'assassinat, la terre est maudite pour Caïn, condamné à l'errance. Il part avec son épouse, fille d'un de ses frères, et plusieurs enfants et petits-enfants d'Adam pour une autre région plus à l'est.

Le péché de Caïn est d'autant plus grave qu'il avait reçu de grandes faveurs divines. Joseph Fielding Smith a commenté : « *Le grand péché de Caïn n'a pas été commis dans l'ignorance. Nous avons toutes les raisons de croire qu'il a eu le privilège d'être en présence de messagers célestes. En fait, les écritures suggèrent qu'il a eu la bénédiction de communiquer avec le Père et d'être instruit par des messagers envoyés par le Père. Il ne fait aucun doute qu'il détenait la prêtrise ; autrement, son péché n'aurait pas fait de lui « Perdition ». Il a péché contre la lumière. Et ceci, il l'a fait, selon ce qui nous est dit, parce qu'il a aimé Satan plus que Dieu*[89] ».

En plus de la gravité du geste, l'écriture rapporte le mensonge de Caïn quand Dieu lui demande où est son frère. Croyant, comme Satan le lui avait promis, que son péché ne serait pas connu, Caïn répond qu'il ne sait pas et ajoute : « *Suis-je le gardien de mon frère ?*[90] ». En tant que détenteur de la prêtrise, Caïn était devenu le gardien de son frère. Le prophète Ezéchiel reçut la réprimande suivante pour les détenteurs de la prêtrise de son époque : « *La parole de l'Eternel me fut adressée, en ces mots : Fils de l'homme, prophétise contre les pasteurs d'Israël ! [...] Vous avez mangé la graisse, vous vous êtes vêtus avec la laine, vous avez tué ce qui était gras, vous n'avez point fait paître les brebis. Vous n'avez pas fortifié celle qui était faible, guéri celle qui était malade, pansé celle qui était blessée ; vous n'avez pas ramené celle qui s'égarait, cherché celle qui était perdue*[91] ». **En agissant comme il l'a fait, Caïn s'est montré indigne de la prêtrise qu'il détenait.**

Sa descendance a fait pire.

2
Comportement de la descendance de Caïn

La descendance de Caïn plonge plus profondément encore dans la méchanceté. Le Livre de Moïse rapporte que Lémec tua Irad non pas comme Caïn par colère et pour obtenir du gain mais à cause d'un serment[92]. La méchanceté n'est plus l'affaire d'une personne isolée, elle s'organise en groupe : « *à partir du temps de Caïn, il y eut une combinaison secrète, et leurs œuvres étaient dans les ténèbres [...] Et leurs œuvres étaient des abominations [...] C'est ainsi que les œuvres des ténèbres commencèrent à régner parmi tous les fils des hommes*[93] » jusqu'à corrompre aussi la descendance d'Adam à l'exception de la famille de Noé qui garde la prêtrise.

Selon le Livre de Moïse, Cham marchait aussi avec Dieu[94]. Ce n'est pas sans raison que Pharaon se réclamait de la prêtrise de Noé par Cham. C'est parce que Cham devait très certainement l'avoir obtenue avant son mariage. Comment la postérité de Cham a-t-elle réagi à l'interdiction de pouvoir détenir la prêtrise ?

CHAPITRE CINQ

LES REACTIONS
DE LA POSTERITE DE CHAM

Nous ne serions pas les premiers à ressentir une injustice face à une inégalité de bénédictions. Nous nous entendrions dire : Pourquoi ne suis-je pas béni ? Qu'ai-je fait ?

Face à l'absence de bénédictions, selon notre compréhension de la situation, nous adoptons des comportements différents. Nous pouvons :

> Soit comprendre et accepter que cela puisse constituer un environnement de mise à l'épreuve,

> Soit ne pas comprendre mais accepter quand même en faisant preuve de foi, en espérant qu'un jour nous comprendrons mieux,

> Soit ne pas comprendre, remettre en cause et nous rebeller.

La descendance immédiate de Cham a décidé de remettre en cause l'interdiction et de se rebeller. Nous étudierons leurs actes qui sont aussi des preuves supplémentaires qu'il y a bien eu une interdiction (I). Par la suite, la rébellion ouverte des premiers descendants devint plus diffuse avec la création de nombreux dieux et cultes différents. La descendance n'est plus en rébellion, elle est égarée par les traditions des pères. Nous tenterons un tour d'horizon des personnes touchées par l'interdiction (II).

I
LES REACTIONS
DE LA DESCENDANCE IMMEDIATE
DE CHAM

Les écritures enseignent que Cham était un homme juste : « *Et c'est ainsi que Noé trouva grâce aux yeux du Seigneur, car Noé était un homme juste et intègre, dans son temps; et il marchait avec Dieu, de même que ses trois fils, Sem, Cham et Japhet*[95] ». Il ne fait pas de doute qu'il détenait la prêtrise et que sa postérité la revendiquait de lui : « *Pharaon, étant de ce lignage qui ne lui donnait pas droit à la prêtrise, bien que les pharaons s'en réclamassent volontiers de Noé par Cham*[96] ».

La descendance de Cham refusa de reconnaître l'interdiction découlant d'un simple mariage et revendiqua la prêtrise de Cham. Elle remit en cause les décisions des détenteurs de la prêtrise (1), utilisa des subterfuges pour tenter d'obtenir la prêtrise (2) et créa une autorité parallèle (3).

1
Remise en cause des décisions de la prêtrise

Le Livre de la Genèse rapporte que l'année de la naissance de Péleg, vers 2247 avant Jésus-Christ, la terre fut partagée : « *Il naquit à Héber deux fils: le nom de l'un était Péleg, parce que de son temps la terre fut partagée [...]*[97] ».

Le Livre des Jubilés développe la façon dont le partage a été effectué. Il précise que c'est Noé qui procéda au partage entre ses 3 fils. La part de Cham : « *Allait au-delà du Gihon vers le Sud [...], s'étend vers l'ouest jusqu'à atteindre la mer de Mauk [...], vers le Nord aux limites de Gadir [...]* ». Cham divisa ensuite ce lot entre ses fils : « *et la 1ère portion vint pour Cush vers l'Est et à l'Ouest de lui pour Mizraïm, et à l'Ouest de lui pour Put, et à l'Ouest de lui sur la mer pour Canaan*[98] ».

Le Livre des Jubilés mentionne un serment passé à la fois par les fils et petits-fils de Noé le jour du partage, engageant chacun à rester dans le territoire qui lui a été attribué : « *Et voici, les fils de Noé firent la séparation entre leurs fils en présence de leur père Noé qui les lia par un serment engageant une malédiction sur chacun qui chercherait à saisir toute part qui n'était pas dans son lot. Et ils dirent tous : Qu'il en soit ainsi, qu'il en soit ainsi ! Pour eux-mêmes et leurs fils à toujours, à travers leurs descendants [...]*[99] ».

Malgré son serment, Canaan désobéit : « *Et Canaan vit que le pays du Liban jusqu'à la rivière de l'Egypte était très bon et n'alla pas dans le pays de son héritage [...]. Et Cham, son père, et Cush et Mizraïm, ses frères, lui dirent : Tu accapares un pays qui n'est pas le tien, qui ne t'est pas échu. Ne fais pas ça, car si tu fais ça, toi et tes fils tomberont dans le pays et seront maudits par révolte, car tu*

58

accapares par révolte et par révolte tes enfants tomberont et seront déracinés à jamais. N'habite pas dans le pays de Sem, car cela revient à Sem et à ses fils dans leur lot. Maudit sois-tu et maudit seras-tu devant tous les fils de Noé selon la malédiction par laquelle nous nous sommes engagés par un serment en présence du juge sacré et en présence de Noé notre père. Mais il ne les écouta pas et habita lui et ses fils dans la terre du Liban, de Hamath jusqu'à l'entrée de l'Egypte, jusqu'à ce jour. Et pour cette raison, ce pays est appelé Canaan[100] ».

Canaan entraîna sur lui la malédiction promise par son grand-père. Nous verrons au paragraphe suivant un passage du Livre de la Genèse dans lequel Cham vole les habits de la prêtrise. A son réveil, Noé a étrangement maudit Canaan et non Cham. Il y a vraisemblablement ici deux actes de rébellion différents. Canaan est étranger au vol des habits. Son acte de rébellion a été de violer son serment et entrer en possession de terres qui n'étaient pas dans son lot. En conséquence de quoi, Canaan est maudit et sa descendance ne pourra pas vivre en paix dans le pays illégalement occupé. Sa postérité reçoit la prédiction qu'elle y sera à jamais déracinée, qu'elle sera sujette aux révoltes, aux guerres et à l'esclavage si elle persiste dans sa rébellion. Cette histoire n'a en réalité aucun lien avec son utilisation détournée pour justifier l'esclavage massif pratiqué ces derniers siècles.

2
Les subterfuges pour obtenir la reconnaissance d'une détention de la prêtrise

Le Livre de Jasher relate que Cham vola à Noé des habits: « *Et les vêtements de peau qu'Elohim fit pour Adam et sa femme, lorsqu'ils sortirent du jardin, furent donnés à Koush. Car après la mort d'Adam et sa femme, les vêtements furent donnés à Enoch, le fils de Jared, et lorsque Enoch fut enlevé auprès d'Elohim, il les donna à Metoushèlah, son fils. Et à la mort de Metoushèlah, Noé les prit et les amena dans l'arche, et ils furent avec lui jusqu'à ce qu'il sorte de l'arche. Et à leur sortie [de l'arche], Cham déroba ces vêtements à Noé son père, et il les prit et les cacha de ses frères. Et lorsque Cham engendra son premier-né Koush, il lui donna en secret, et ils furent avec Koush un certain temps. Et Koush les cacha aussi de ses fils et de ses frères, et lorsque Koush engendra Nimrod, il lui donna ces vêtements à cause de son amour pour lui, et Nimrod grandit, et lorsqu'il eut vingt ans, il mit ces vêtements. Et Nimrod devenait fort lorsqu'il mettait les vêtements [...]*[101] ».

Dans l'Eglise de Jésus-Christ des Saints des derniers jours, ceux qui ont participé à la cérémonie de dotation du temple portent un vêtement de la prêtrise, qui représente l'habit de peau que le Seigneur fit pour Adam et Eve après la chute.

Est-ce ce même épisode qui rendit Noé nu sous sa tente un soir[102] ? De nombreuses hypothèses ont été avancées sur ce qui s'était réellement passé sous la tente de Noé pendant qu'il était ivre. Cham a-t-il juste vu la nudité de son père ? A-t-il commis l'inceste ? A-t-il émasculé son père ? Lui a-t-il seulement volé ses vêtements ? Le rabbin Eléazer enseigne que le mot hébreu *erwath* employé dans le passage scripturaire ne renvoie pas à la nudité de Noé. Dans son sens originel, il veut dire couverture de peau. Ainsi, Cham ne vit pas la nudité de son père mais l'habit de peau de son père et le lui vola[103].

L'habit ne fut pas volé pour sa beauté mais pour ce qu'il représente : la prêtrise, l'autorité, le pouvoir. Selon le Talmud, Nimrod, petit-fils de Cham, put prétendre avoir le pouvoir de gouverner sur toute la terre parce qu'il possédait ce vêtement et le port du vêtement serait aussi la raison de son grand succès à la chasse[104].

La descendance de Cush n'a pas été la seule à revendiquer la prêtrise par subterfuge, celle de Mizraïm aussi. Rappelons que les pharaons la revendiquaient : « *Pharaon, étant de ce lignage qui ne lui donnait pas droit à la prêtrise, bien que les pharaons s'en réclamassent volontiers de Noé par Cham* ». Pourquoi par Cham ? Comment ont-ils pu l'obtenir de lui alors qu'il ne pouvait pas la transmettre ? Quand ont-ils cru l'avoir obtenue ?

Des personnages de la mythologie égyptienne peuvent aussi être comparés à nos ancêtres noachites. Noé et son épouse seraient Shou et

Tefnout, premier couple sexuellement différencié de la mythologie égyptienne. Cham et Naama ou Egyptus (mère) seraient le dieu Ré et la déesse Nout. Enfin, Mizraïm et Egyptus (fille) seraient Isis et Osiris, frère et sœur dans la mythologie comme dans la réalité. Si l'on s'en tient à sa représentation en Osiris, Mizraïm a dû mourir relativement tôt. Egyptus a voulu asseoir ses fils sur le trône : « *Lorsque cette femme découvrit le pays, il était inondé ; elle y établit ensuite ses fils* ». Elle voulait qu'ils détiennent la prêtrise afin de légitimer leurs positions.

Un des papyrus de Turin, traduit en 1883 par l'égyptologue Eugène Lefébure (1838-1908), relate l'histoire ici condensée : Alors que Ré vivait encore sur terre, parmi les humains, il commença à devenir sénile. Isis, qui convoitait son pouvoir, mit sur son chemin un serpent venimeux qui le mordit. **Elle attendit ensuite qu'il soit faible et fiévreux pour lui demander de lui donner son nom secret.** Ré commença par lui mentir mais quand la douleur devint insupportable, il finit par le lui donner pour être guéri[105].

Pour les Egyptiens, le nom secret d'une personne représente le pouvoir qu'elle détient. Toujours selon la mythologie, Isis s'en servit pour redonner la vie à Osiris et lui permettre de devenir le Dieu de l'au-delà et pour guérir son fils Horus de nombreuses blessures causées par son frère et rival Seth.

Il est possible que Naama (fille) ait profité du fait que son père Cham soit devenu sénile pour lui demander de lui conférer sa prêtrise ou bien de la conférer à son fils alors même que Cham ne pouvait pas la conférer.

3
La création d'une autorité parallèle

Revendiquant une prêtrise qu'ils ne possédaient pas, les descendants immédiats de Cham en créèrent donc une autre. Au début, elle apparaissait similaire à la vraie puis elle dévia mais en conservant quelques ressemblances frappantes quoi qu'en disent certains.

Pour le comprendre, il suffit de lire ce qu'a écrit Albert Mackey (1807-1881) dans *L'encyclopédie de la franc-maçonnerie* sous la référence **Franc-maçonnerie corrompue**. Pour le lecteur, il convient de remplacer « franc-maçonnerie » par « prêtrise » afin de découvrir nombre d'éléments de l'histoire de la prêtrise et la naissance de l'autorité parallèle :

« *Par ce terme [Franc-maçonnerie corrompue], et pour la théorie qui lui est associée, nous sommes redevables au Docteur Oliver, dont les spéculations l'ont amené à la conclusion que dans les premiers âges du monde, il y avait deux systèmes de franc-maçonnerie, l'un conservé par les patriarches et leurs descendants, qu'il a appelé la franc-maçonnerie originelle ou pure.*

L'autre, qui était un schisme de ce système, qu'il désigna comme franc-maçonnerie corrompue de l'Antiquité. Pour comprendre le système d'Oliver, et pour comprendre sa doctrine de franc-maçonnerie corrompue venant de celle originelle, nous devons nous souvenir qu'il y avait deux lignages d'hommes descendants d'Adam, dont l'histoire est aussi différente que leurs personnages étaient dissemblables. Il y avait le vertueux lignage de Seth et ses descendants et celui de Caïn, le malicieux. Seth et sa descendance, jusqu'à Noé, conservèrent les dogmes et instructions, les histoires et les symboles reçus de leur ancêtre commun, Adam ; mais Caïn et ses descendants dont les vices ont été longuement axés sur la destruction de la terre, les ont totalement oubliés ou grandement corrompus.

Leur franc-maçonnerie n'était pas la même que celle des Sethites. Ils déformèrent la vérité, et modifièrent leurs repères pour répondre à leurs propres finalités profanes. A la fin, les deux lignages se sont mélangés. Les descendants de Seth, devenant corrompus par leurs fréquentes communications avec ceux de Caïn, ont adopté leurs mœurs et bientôt perdirent les principes de la franc-maçonnerie originelle qui à la fin, fut limitée à Noé et ses trois fils qui, seuls, à la destruction du monde méchant, ont été jugés digne de recevoir miséricorde.

Noé préserva le système, et fut le moyen de le communiquer au monde postdiluvien. Ainsi, immédiatement après le déluge, la franc-maçonnerie originelle fut le seul système existant.

Mais cet état heureux des choses ne devait pas durer. Cham, fils de Noé, qui avait été maudit par son père pour sa méchanceté, s'était depuis longtemps familiarisé avec le système corrompu de Caïn et avec des déviances graduelles de la vérité, lesquelles, par des mauvaises influences ou exemples, se sont glissées dans le système de Seth. Après le déluge, il propagea les pires des caractéristiques des deux systèmes parmi les descendants immédiats.

Deux ensembles, pour ainsi dire, qui se développent maintenant dans le monde – Un qui perpétue les grandes vérités de la religion, et par conséquent de la franc-maçonnerie, qui a été transmise depuis Adam, Enoch et Noé – et l'autre qui dévia de plus en plus de la source originelle, pure. Lors de la dispersion à la tour de Babel, le schisme devint encore plus grand et irréconciliable. Les histoires de la Franc-maçonnerie originelle furent altérées, et ses symboles pervertis à une fausse adoration ; les mystères furent consacrés à l'adoration de faux dieux et à la pratique de rites idolâtres, et à la place de la franc-maçonnerie pure ou originelle, laquelle continua d'être entretenue parmi les patriarches descendants de Noé, ont été créés ces mystères du paganisme auxquels le Docteur Oliver a donné le nom de franc-maçonnerie corrompue.

Ce n'est pas au Docteur Oliver, ni à aucun autre écrivain moderne, que nous sommes redevables de l'idée d'un schisme maçonnique à cet âge précoce du monde. La doctrine selon laquelle la franc-maçonnerie a été perdue, c'est-à-dire, perdue dans sa pureté, pour une grande partie de l'humanité, à la tour de Babel, est encore conservée dans le rituel de base franc-maçon (les trois premiers degrés).

Et dans le degré Noachite, un degré attaché au rite écossais, il est fait pleinement référence à ce fait comme étant le fondement de ce même degré ; deux lignages de francs-maçons sont ici distinctement nommés, les Noachites et les Hiramites ; les premiers étant ceux qui ont préservé la franc-maçonnerie originelle comme descendants de Noé ; les derniers étant les descendants d'Hiram, qui était lui-même du lignage tombé dans la franc-maçonnerie corrompue, mais réunie à la vraie lors de la construction du temple du roi Salomon, comme nous le verrons ci-après. Mais les créateurs du degré ne semblent pas avoir eu de notions très précises concernant la dernière partie de l'histoire. Les mystères qui constituent ce qui a été appelé la franc-maçonnerie corrompue étaient plus ou moins identiques en contenu.

Variant en peu de choses sans importance, attribuables à l'influence de causes locales, leurs grandes similitudes sur tant de points montrent que leurs divergences viennent d'une origine commune. En premier lieu, elles communiquent à travers un système d'initiation, par lequel l'aspirant est progressivement préparé à recevoir les doctrines finales ; les rites sont réalisés à la nuit tombée, dans des cavernes ou au milieu des profondeurs de bosquets et forêts ; et les secrets sont uniquement communiqués aux initiés après l'administration d'une obligation.

Ainsi, Firmicus, un auteur latin sous le règne de Constantin, vers 346 après Jésus-Christ, qui écrivit à propos de faux sujets de cultes, dans De errobituts profanarum religionom (livre VII) nous dit : Lorsqu'Orphée expliquait les cérémonies de ses mystères aux candidats, il exigeait d'eux, à l'entrée même, un serment, sous sanction solennelle de la religion, qu'ils ne répéteront pas les rites aux oreilles profanes. Ainsi, comme le dit Warburton d'Horus Apollo, le hiéroglyphe égyptien utilisé était la sauterelle parce que l'insecte était supposé ne pas avoir de bouche.

Les cérémonies avaient toutes un contenu funèbre, faites de représentations de descriptions lugubres, ils célébraient la mort et l'enterrement d'un être mythique qui était le sujet spécial de leur amour et de leur adoration. Mais ces rites commençant dans les lamentations, et la mort, finissaient toujours dans la joie. Le sujet de leur peine revenait à la vie et à l'immortalité, et la dernière partie du cérémonial était un descriptif de sa résurrection. Par conséquent, les grandes doctrines des mystères étaient l'immortalité de l'âme et l'existence d'un Dieu.

Telle est la théorie du sujet qui fut appelé la franc-maçonnerie corrompue, comme enseignée par le Docteur Oliver et les disciples de son école. La franc-maçonnerie originelle, composée des connaissances et instructions symboliques traditionnelles qui furent transmises à partir d'Adam, par Enoch, Noé et le reste des patriarches jusqu'au temps de Salomon. La franc-maçonnerie corrompue consistant en des doctrines et initiations pratiquées en premier par les descendants de Caïn antédiluviens et, après la dispersion de Babel, par les prêtres païens et philosophes dans leurs mystères[106] ».

Il n'est pas étonnant que pour certains auteurs, la franc-maçonnerie actuelle trouve son origine dans la descendance immédiate de Cham. L'Egypte des Pharaons est truffée de références franc-maçonniques à tel point que le docteur Isindag a écrit : « *La franc-maçonnerie est une organisation sociale et rituelle dont les origines remontent à l'Egypte antique[107]* ».

Les récits des historiens francs-maçons vont dans le même sens et montrent que le lignage de Caïn puis celui de Cham perdirent le droit de détenir la prêtrise originelle et qu'en réaction ils créèrent une prêtrise parallèle. Etablie sur le modèle de la vraie, elle n'avait pas de réelle autorité et fut complètement corrompue par la suite, au gré des finalités locales.

Le schisme des franc-maçonneries est mentionné, nous dit Albert Mackey, autant dans le rituel initiatique de base que dans le degré Noachite qui lui est consacré. Un schisme certain, selon les historiens francs-maçons, eu égard aux similitudes entre ces deux franc-maçonneries : des cérémonies représentant la mort puis la résurrection de l'être adoré, reconnaissant l'immortalité de l'âme et l'existence d'un Dieu. Des systèmes qui étaient faits d'initiation, d'enseignements et de prise d'engagements après avoir fait serment de confidentialité.

Les auteurs francs-maçons traitent d'une réunion des deux franc-maçonneries à l'époque de la construction du temple de Salomon. Ils reconnaissent qu'Hiram était descendant du lignage détenant la franc-maçonnerie corrompue mais affirment qu'il reçut de Salomon la véritable franc-maçonnerie pour lui et son lignage dans des circonstances floues.

Les similitudes entre les franc-maçonneries pure et corrompue rappellent à la fois l'ordonnance du baptême, symbole de l'ensevelissement du Christ et de sa résurrection, et la dotation avec son système initiatique fait d'enseignements et d'alliances. Des auteurs mettent en évidence les différences entre la prêtrise et la franc-maçonnerie et minimisent les ressemblances par peur de voir certains considérer que Joseph Smith a copié la franc-maçonnerie[108]. L'existence de ressemblances est normale quand on sait que **c'est la franc-maçonnerie qui a copié la prêtrise originelle**. D'ailleurs, il est tout aussi normal de retrouver des ressemblances dans les rites de l'Eglise chrétienne orthodoxe qui a aussi des restes des ordonnances de la prêtrise originelle[109] enseignées par le Christ après sa résurrection[110]. Orthodoxes, francs-maçons ou mormons, aucun d'eux n'a copié l'autre mais tous ont pour référence la prêtrise originelle, altérée pour les deux premiers, rétablie pour les derniers.

Joseph Smith lui-même a fait preuve d'une grande clairvoyance sur ce sujet. Peu après avoir été initié à la franc-maçonnerie et être devenu maître maçon en seulement deux jours, les 15 et 16 mars 1842, il déclara selon une lettre d'Heber C. Kimball datée du 17 juin 1842 que : « *la franc-maçonnerie provient de la prêtrise, mais est aujourd'hui corrompue, bien qu'il reste encore des éléments sous leur forme parfaite*[111] ».

A l'inverse de ce qu'affirme la franc-maçonnerie, il n'y a jamais eu de réunification de la prêtrise au temps de Salomon. Hiram était du lignage interdit de prêtrise, Salomon pour sa part ne l'a jamais détenue. Les deux principaux maître-maçons ne pouvaient ni avoir la prêtrise originelle, ni la transmettre.

Encore aujourd'hui, des socles de la prêtrise corrompue se retrouvent dans la franc-maçonnerie actuelle. On peut en citer deux qui le laissent aucun doute sur l'intention des créateurs :

Tubal-Caïn, mis en avant dans l'initiation franc-maçonnique. Il était du lignage caïnite et détenait la prêtrise corrompue.

Plus encore, le serment d'entrée dans la franc-maçonnerie porte le nom de *serment de Nimrod*[112]. Nimrod est le symbole même de la révolte contre Dieu. Les écritures le disent vaillant chasseur devant l'Eternel, à prendre dans son sens péjoratif[113]. Il est celui qui se rebella ouvertement contre Dieu, celui qui construisit la tour de Babel pour le défier[114], celui qui récupéra et porta les habits de la prêtrise volés à Noé par Cham. Il est l'exemple opposé des patriarches Adam, Noé, Sem ou encore Abraham. C'est un descendant de Cham et c'est l'un des fondateurs de cette prêtrise corrompue après le déluge.

II
LA DESCENDANCE DE CHAM

Si Nimrod se rebella ouvertement contre Dieu comme ses contemporains, les générations suivantes ne le firent plus autant. Avec le temps, la descendance n'est plus en rébellion ouverte, elle est égarée par les traditions des pères. Nous tenterons un tour d'horizon des personnes appartenant au lignage de Cham.

Pour appliquer l'interdiction, l'Eglise s'est bien sûr basée sur la partie la plus visible du lignage chamitique, les Noirs africains, mais elle l'a aussi appliqué à toutes les autres personnes dont la bénédiction patriarcale révélait l'appartenance à ce lignage. Par exemple, le patriarche et autorité générale de l'Eglise, Eldred Gee Smith (1907-2013) raconta : « *J'ai eu une jeune femme qui était blonde sans aucun signe ou indication visible d'un lignage noir du tout, mais qui maintenant était privée de temple... Nous rencontrons cette situation par milliers aujourd'hui et il y en a de plus en plus*[115] **».**

Essayons de voir qui étaient les enfants de Cham (1) et quelles alliances par mariage ils firent (2). Nous verrons aussi les faux-semblants qui ne sont pas touchés par l'interdiction et les exceptions, des personnes qui auraient dû être touchées mais ne l'ont pas été (3).

1
Les enfants de Cham

Les enfants et petits-enfants de Cham semblent avoir respecté leurs serments et leurs attributions géographiques lors du partage des terres par Noé à l'exception de Canaan.

Lors du partage des terres, Cham habitait Kish en Mésopotamie, dans l'Irak actuel, à 15km de Babylone, partit vers le Sud et s'installa en Egypte, pays que la Bible appelle « pays de Cham » et qui se dit en égyptien Khem.

Pour ses enfants, nous avons une idée de leur répartition géographique grâce aux écrits de Flavius Josèphe dans *Les antiquités judaïques*[116] datant du Ier siècle après Jésus-Christ.

Mizraïm suivit Cham. Il partit aussi vers le Sud en Egypte. Le mot hébreu pour Egypte est Mizraïm. Flavius Joseph indique : « *Les Mestréens ont vu leur nom demeurer, car nous appelons tous dans ce pays l'Egypte Mestré et les Egyptiens Mestréens [...] Mestraïm eut huit fils qui occupèrent tous les pays qui s'étendent depuis Gaza jusqu'à l'Egypte ; Phylistin est le seul dont le pays ait conservé le nom [...]. Quant aux autres, Loudiim, Enémétiim et Labiim (qui seul s'établit en Libye et donna ainsi son nom à la contrée), Nédem, Phéthrosim, Chesloïm et Chephthorim, on ne sait rien d'eux, hormis leurs noms, car la guerre éthiopienne [...] a ruiné leurs villes* ».

Chous, dit Flavius Josèphe, « *a vu son nom épargné par les siècles : les Ethiopiens, ses sujets, s'appellent eux-mêmes encore aujourd'hui et sont appelés par tout le monde en Asie Chouséens [...] Chous eut six [enfants] : Sabas donna naissance aux Sabéens ; Evilas aux Eviléens, les Gétules d'aujourd'hui ; Sabath aux Sabathéniens, que les Grecs appellent Astabariens ; Sabacathas aux Sabacathéniens ; Regmos fonda Regméens, il eut deux fils : Joudad qui fonda les Joudadéens, peuple de l'Ethiopie occidentale, auxquels il donna son nom ; Sabéos les Sabéens. Nemrod, fils de Chous, resta parmi les Babyloniens, dont il fut le tyran* ».

Phout, dit encore Flavius Josèphe : « *fonda la Lybie et nomma de son nom les habitants Phoutiens. Il y a même un fleuve dans le pays des maures qui a ce nom ; plusieurs historiens grecs en font mention, ainsi que du pays qu'il baigne, la Phouté. Mais ce pays a changé de nom, celui qu'il a aujourd'hui vient d'un des fils de Mestraïm, Libys* ».

Pour Canaan enfin, Flavius Josèphe indique : « *[Il] s'établit dans le pays qui est aujourd'hui la Judée ; il l'appela de son nom Chananée [...] Il eut des fils : Sidon, qui bâtit en Phénicie une ville à laquelle il donna son nom et que les Grecs encore aujourd'hui nomment Sidon ; Amathous, qui bâtit Amathous, que ses habitants appellent encore aujourd'hui Amathe ; les Macédoniens l'appelèrent Epiphanie du nom d'un des épigones. Aroudaios eut l'île d'Arados ; Arucéos habitait Arcé dans le*

Liban. Des sept autres, Evéos, Chetlaios, Jebouséos, Amorréos, Gergéséos, Sineos et Samareos dont nous ne connaissons rien sinon leurs noms dans les livres saints : les hébreux détruisirent leurs villes ».

Flavius Joseph localise les descendants de Sem et de Japhet, les deux frères de Cham, en Asie et en Europe **ce qui place donc les Noirs africains dans la descendance de Cham**.

La génétique apportera peut-être un jour des éclaircissements sur ce sujet. Il est aujourd'hui beaucoup trop tôt pour comparer les haplogroupes à l'histoire biblique. On s'en tiendra à deux remarques. Premièrement, l'Eglise considérait que les Dravidiens d'Inde et les Aborigènes d'Australie n'étaient pas sous l'interdiction du fait de leur appartenance à un autre lignage. Les études génétiques classent ses populations dans des haplogroupes masculins très différents : les Noirs africains surtout dans l'haplogroupe E, les Aborigènes d'Australie dans l'haplogroupe C et les Dravidiens d'Inde dans l'haplogroupe H. Tous ne descendent donc pas forcément de Cham. Deuxièmement, les Noirs africains ne sont pas les seuls à faire partie de l'haplogroupe E. On y trouve aussi des personnalités telles que Napoléon Bonaparte, William Harvey, les frères Wright, Lyndon B. Johnson et Albert Einstein. Si l'haplogroupe E était composé uniquement de descendants de Cham, c'est autant de personnes et de lignées qui n'auraient pas le droit à la prêtrise. Le lignage de Cham est loin de se limiter aux Noirs africains. Avec le brassage des populations, de nombreuses personnes de tous pays doivent avoir dans leur ascendance du sang chamitique, rendant plus ardu le maintien de l'interdiction.

2
Les alliances

La descendance directe n'était pas la seule touchée par l'interdiction. Elle s'étendait à la descendance de ceux qui se mariaient avec elle. Plusieurs grands personnages bibliques ont contracté de tels mariages.

Abraham eut Ismaël d'Agar, l'égyptienne. Ismaël et sa descendance ne reçurent pas la prêtrise. L'alliance abrahamique se poursuit en la postérité d'Isaac mais pas en celle d'Ismaël[117].

Esaü épousa deux femmes hittites du lignage de Canaan, Adan et Oholibama et une fille d'Ismaël, Basmath[118]. L'alliance se poursuivit par la descendance de Jacob mais pas par celle d'Esaü.

3
Les faux-semblants et les exceptions

Les critiques de la théorie du lignage mettent en avant des personnes qu'ils estiment descendantes de Cham et que l'on trouve dans l'ascendance de détenteurs de la prêtrise. Figureraient parmi ces exceptions : la femme de Juda (fille de Shua le cananéen), la femme de Joseph (Assenah), la femme d'Eléazar (une fille de Putiel) et la femme de Salmon, Rahab, mère de Boaz au sein même de la lignée du Christ[119].

Pour chacun de ces cas, ces mêmes critiques concèdent l'existence d'arguments contraires mais ne leur donnent aucun crédit : Putiel serait un autre surnom de Jéthro ramenant le mariage d'Eléazar dans la famille[120], Joseph fut emmené en Egypte sous le règne des Hyksos d'ascendance sémite, voire hébraïque écartant Assenah du lignage de Cham[121], la Rahab de la lignée du Christ ne pourrait pas être la prostituée de Jéricho de plusieurs décennies son aînée et dont le nom devrait plutôt être traduit par Rakhab au lieu de Rahab[122], et enfin Shua le cananéen, terme pouvant autant faire référence à une personne du lignage de Canaan, à une personne vivant au pays de Canaan qu'à une personne seulement marchande[123]. Chacun se fera sa propre opinion.

Quoi qu'il en soit, si nous faisions face à un vrai cas de détenteur de la prêtrise issu d'un lignage qui n'avait pas le droit de la recevoir, nous pourrions alors avancer l'argument de la foi extrême. Ambroise de Milan (339-394) rappelle que Ruth, la Moabite, qui n'est pas du lignage de Cham, était toutefois une étrangère qui ne pouvait pas être épousée par un juif selon Deutéronome 7 : 3. Il souligne qu'elle figure pourtant dans le lignage du Christ car, comme le précise la Bible : « *la loi n'est pas faite pour les justes mais pour les injustes*[124] ». Ruth, par sa grande foi, aurait échappé aux limitations de la loi[125].

Que dire enfin des descendants de Cham qui obtinrent la prêtrise sous la présidence de Joseph Smith ? Notamment Elijah Abel, Joseph T. Ball, Walker Lewis, Samuel Chambers et Edward Leggroan. Certes, pour eux, un autre argument est envisageable : la révélation n'avait pas encore été reçue par Brigham Young, donc l'interdiction n'avait pas encore été rétablie. Nous croyons à la révélation continue, nous ne croyons pas que tout a été rétabli par Joseph Smith et qu'aucune révélation ne peut être reçue après lui. Le processus de révélation est étroitement lié aux problématiques d'un moment et aux prières des prophètes pour obtenir les recommandations de Dieu sur ces sujets. Elijah Abel a été ordonné ancien le 3 mars 1836, avant que la question ne soit posée ou que la réponse n'ait été reçue. Peut-être ne l'aurait-il pas été si la question s'était posée juste après le rétablissement.

Mais peut-être l'aurait-il été pour sa grande foi, à l'instar de celle de Ruth. Un point très important à souligner est qu'une fois la prêtrise reçue, l'exception ne touche pas que son détenteur, sa postérité en bénéficie également. Enoch, le fils d'Elijah Abel, fut ordonné ancien le 27 novembre 1900 et Elijah, son petit-fils fut ordonné le 29 septembre 1935[126], tous les deux le furent donc à l'époque de l'interdiction. Même dans l'exception, nous retrouvons le principe du lignage.

C'est peut-être cette grande foi, partagée non plus par quelques personnes mais par un grand nombre, qui aida à la levée de l'interdiction avant le moment annoncé par Brigham Young.

CHAPITRE SIX

LES LEVEES D'INTERDICTION PAR L'ADOPTION

Tout le monde aujourd'hui se focalise sur l'interdiction du droit à la prêtrise qui toucha le lignage chamitique parce que c'est celle qui dura le plus longtemps. Elle ne doit toutefois pas occulter les interdictions de prêtrise et de baptême qui concernèrent la plupart des lignages pendant des siècles. Noé eut trois fils. Qu'est devenue la détention de la prêtrise au sein des lignages issus de Japhet ? Les descendances de Gomer, de Magog, de Madaï, de Javan, de Tubal, de Méschec ou encore de Tiras ne détenaient plus la prêtrise à l'époque du Christ et les détenteurs au sein du peuple d'Israël ne pouvaient pas transmettre leur prêtrise s'ils se mariaient avec ces descendances. Qu'est devenue la détention de la prêtrise au sein des lignages issus de Sem ? Les descendances d'Elam, d'Assur, de Lud ou encore d'Aram ne détenaient pas la prêtrise à l'époque du Christ et les détenteurs au sein du peuple d'Israël ne pouvaient pas transmettre leur prêtrise s'ils se mariaient avec ces descendances. **Sem, Cham et Japhet ont totalisé ensemble 16 fils. Un seul d'entre eux, Arpacschad, avait encore des descendants détenteurs de la prêtrise à l'époque du Christ et ils devaient se marier au sein de leur famille s'ils voulaient pouvoir transmettre leur prêtrise.**

Les chapitres précédents ont étudié, d'une part, les raisons pour lesquelles le lignage chamitique avait perdu le droit de détenir la prêtrise et, d'autre part, les réactions de la descendance de Cham. Même si certains développements relèvent de la supputation, on arrive plus ou moins bien à identifier ce qui s'est passé dans ce lignage. **Si la documentation**

appropriée existait, il y aurait certainement beaucoup à dire sur les autres lignages descendants des fils de Noé, qui, à l'époque du Christ, n'avaient pas plus le droit de détenir la prêtrise que le lignage de Cham.

Voyons maintenant comment ces lignages eurent accès au baptême et à la prêtrise.

A deux reprises, les écritures relatent un appel des 12 apôtres à partir en mission. Le premier appel a lieu pendant le ministère terrestre du Sauveur, le second après sa résurrection. Pendant son ministère terrestre, le Christ recommanda à ses apôtres : « *N'allez pas vers les païens, et n'entrez pas dans les villes des Samaritains ; allez plutôt vers les brebis perdues de la maison d'Israël*[127] ». Lui-même, nous l'avons déjà signalé, avait reçu cette même recommandation de son Père : « *Je n'ai été envoyé qu'aux brebis perdues de la maison d'Israël*[128] ». Après sa résurrection, l'assignation change : « *Allez, faites de toutes les nations des disciples, les baptisant au nom du Père, du Fils et du Saint-Esprit*[129] ».

Nous pourrions croire que l'interdiction touchant les lignages était levée. La primauté de la maison d'Israël à recevoir l'Evangile n'est plus. Les païens sont acceptés au baptême. Toutefois, cette façon de voir les choses est erronée. Paul enseigne que le baptême fait entrer la personne dans le lignage d'Abraham par adoption et que c'est à ce titre qu'elle devient héritière des promesses : « *Vous tous, qui avez été baptisés en Christ, vous avez revêtu Christ [...] Et si vous êtes à Christ, vous êtes*

81

donc la postérité d'Abraham, héritiers selon la promesse[130] ».

Le baptisé n'hérite pas des promesses du fait de son lignage d'origine mais du fait du lignage d'Abraham, Isaac et Jacob auquel il accède par adoption, en étant rattaché à l'une des douze tribus d'Israël. Grâce à cette adoption, il est censé hériter de toutes les bénédictions d'Abraham déjà étudiées, savoir une terre, une postérité, l'Evangile et le droit à la prêtrise. Pourquoi alors les seuls descendants de Cham ont-ils vu leur lignage d'origine leur interdire l'accès à la prêtrise en dépit de leur adoption ? Pourquoi Dieu a décidé d'un rétablissement progressif des bénédictions promises à Abraham pour la postérité de Cham, d'abord l'accès à l'Evangile, à l'époque de Pierre puis l'accès à la prêtrise en 1978 ?

Brigham Young apporta une justification. **Il a enseigné que la postérité de Cham recevrait aussi les bénédictions en temps venu, mais que ce moment n'était pas encore arrivé parce que les premiers seront les derniers** : « *Ils [Les descendants de Caïn/Cham] ne pourront pas détenir la prêtrise jusqu'à ce que tous les autres descendants d'Adam n'aient reçu les promesses et ne bénéficient des bénédictions de la prêtrise et des clés. Jusqu'à ce que les derniers des derniers des enfants d'Adam soient portés à cet état favorable, les enfants de Caïn ne peuvent recevoir les premières ordonnances de la prêtrise. Ils furent les premiers à être maudits, ils seront les derniers à qui la malédiction sera enlevée. Quand les derniers* *de la famille d'Adam viendront et recevront leurs bénédictions, alors la malédiction sera levée pour la postérité de Caïn, et ils recevront les bénédictions dans les mêmes proportions[131]* ».

Cette référence aux *premiers qui seront les derniers et aux derniers qui seront les premiers* a un fondement scripturaire, non pas spécifique à la prêtrise, mais général. Nous lisons dans les évangiles de Matthieu, de Marc et de Luc : « *Plusieurs des premiers seront derniers, et plusieurs des derniers seront les premiers[132]* ; *Et voici, il y en a des derniers qui seront les premiers, et des premiers qui seront les derniers[133]* ». Ce n'est donc pas une notion étrangère aux écritures.

Mais comment expliquer cette notion de premiers qui seront les derniers ? Brigham Young interpréta sa révélation comme si elle induisait une levée de l'interdiction n'intervenant qu'après la résurrection, le temps que tous les autres descendants d'Adam reçoivent les bénédictions de la prêtrise. Peut-être n'est-ce que son interprétation personnelle de la révélation, peut-être l'a-t-il reçue ainsi. Ce ne serait pas le premier cas d'interdiction annihilée par une grande foi. Ainsi, Jésus guérit la fille de la femme cananéenne après lui avoir rappelé qu'il n'était venu que pour la maison d'Israël[134]. Il accorde aussi au centenier la guérison de son serviteur en justifiant ainsi l'exception : « *Je vous le dis en vérité, même en Israël, je n'ai pas trouvé une aussi grande foi[135]* ».

Edward L. Kimball, dans son étude *Spencer W. Kimball et la révélation sur la prêtrise*, détaille la foi abondante dont a fait preuve la descendance de Cham en embrassant l'Evangile avec tant de ferveur en dépit de l'interdiction de détenir la prêtrise. Il explique comment cette démonstration de foi amena les prophètes à questionner le Seigneur sur la fin de l'interdiction jusqu'à l'obtention de la révélation par Spencer W. Kimball, au début du mois de juin 1978. Dans la déclaration, nous lisons : « *Conscients des promesses faites par les prophètes et présidents de l'Église qui nous ont précédés qu'à un moment donné du plan éternel de Dieu tous nos frères qui sont dignes pourront recevoir la prêtrise, **et constatant la fidélité de ceux à qui la prêtrise a été refusée**, nous avons supplié longuement et avec ferveur en faveur de ces frères fidèles qui sont les nôtres, passant de nombreuses heures dans la salle haute du temple à implorer le Seigneur pour être guidés par lui. Il a entendu nos prières et a confirmé par révélation que le jour promis depuis si longtemps est venu où tous les hommes fidèles et dignes de l'Église pourront recevoir la Sainte Prêtrise [...]*[136] ».

Une dernière question demeure : pourquoi naître dans un lignage plutôt qu'un autre ? Bien que frère Oaks déclare qu' : « *Il n'est pas dans la volonté du seigneur de donner les raisons*[137] », des Autorités de l'Eglise avaient tenté de justifier le critère du lignage par la *théorie des moins vaillants*. L'explication était erronée mais la question reste légitime. Tentons d'y répondre.

CHAPITRE SEPT

CONSIDERATIONS D'ORDRE GENERAL A PROPOS DES BENEDICTIONS ET DU MOMENT DE LEUR OBTENTION

Détenir la prêtrise n'est pas un droit. C'est une faveur divine soumise, en tant que telle, à toutes les règles relatives aux bénédictions.

Nous verrons la définition (I), les conditions d'obtention (II), le moment de l'obtention (III) et les raisons pour lesquelles celui-ci peut être tardif (IV).

I
DEFINITION D'UNE BENEDICTION

Le guide des écritures définit la bénédiction comme **le fait pour Dieu de** « *conférer une faveur divine à quelqu'un*[138] ».

Il existe des bénédictions de toutes sortes :
- ➤ Des faveurs spirituelles comme ressentir le Saint-Esprit, obtenir un témoignage, connaître l'Evangile, détenir la prêtrise, accéder aux ordonnances nécessaires à notre salut, voir Dieu, obtenir la vie éternelle.
- ➤ Des faveurs physiques comme donner la vie, être fécond, avoir la santé.
- ➤ Des faveurs intellectuelles comme apprendre facilement et retenir toutes sortes de connaissances.
- ➤ Des faveurs psychiques comme avoir la sagesse, ressentir l'amour, la joie, la paix, la patience, la bonté, la bénignité, la fidélité, la douceur et la tempérance.
- ➤ Des faveurs matérielles comme détenir une terre, une habitation, prospérer.

Cette simple énumération suffit à constater que **personne n'a toutes les faveurs divines**. Parlant de certaines d'entre elles, les dons de l'esprit, Paul enseigne qu'ils sont **distribués à chacun par Dieu, selon sa volonté, pour l'utilité commune**[139]. L'affirmation vaut pour toutes les bénédictions. Il n'y a aucune automaticité, aucune égalité entre les êtres humains.

II
L'OBEISSANCE,
CONDITION AUX BENEDICTIONS

En l'absence de bénédiction, nous sommes enclins à rechercher la faute qui nous empêche de l'obtenir. Ce travers repose sur une mauvaise compréhension de la doctrine sur laquelle repose l'acquisition des bénédictions.

Dans les *Doctrine et Alliances*, nous apprenons que l'acquisition d'une bénédiction dépend de l'obéissance aux commandements : « *Il y a une loi, irrévocablement décrétée dans les cieux avant la fondation de ce monde, sur laquelle reposent toutes les bénédictions ; Et lorsque nous obtenons une bénédiction quelconque de Dieu, c'est par l'obéissance à cette loi sur laquelle elle repose*[140] ».

Jéhovah, parlant à Moïse, lui explique : « *Vois, je mets aujourd'hui devant vous la bénédiction et la malédiction : la bénédiction, si vous obéissez aux commandements de l'Eternel, votre Dieu, que je vous prescris en ce jour ; la malédiction, si vous n'obéissez pas aux commandements de l'Eternel, votre Dieu, et si vous vous détournez de la voie que je vous prescris ce jour, pour aller auprès d'autres dieux que vous ne connaissez point[141] ».*

La doctrine est claire : l'acquisition d'une bénédiction repose sur notre obéissance. Nous pouvons même identifier pour certaines bénédictions les commandements qui leurs sont affiliés, comme la parole de sagesse pour avoir la santé[142], la lecture des écritures et l'action fidèle à ce qui est écrit pour réussir dans nos entreprises[143], la loi de la dîme pour l'ouverture des écluses des cieux[144].

Alors, nous concluons trop rapidement, que si nous n'obtenons pas une bénédiction, c'est à cause d'une désobéissance.

Nous oublions que **Dieu décide du moment de la bénédiction. Pour le juste, l'absence de bénédiction n'est que temporaire**.

III
MOMENT DE L'OBTENTION
DES BENEDICTIONS

Notre société a considérablement modifié la perception du temps. Alors qu'une lettre envoyée de l'autre côté du monde mettait auparavant des semaines ou des mois pour parvenir à son destinataire, l'email franchit la distance en un instant. Nous ne sommes pas meilleurs que l'homme qui achète des graines et qui se plaint, le lendemain du semis, qu'elles n'ont pas encore poussé. Nous aussi, nous attendons de Dieu une rétribution immédiate de notre obéissance.

Il suffit de regarder la vie des gens pour constater que tout arrive selon le calendrier divin. Combien de personnes bonnes connaissent la stérilité, la maladie ou n'ont pu vivre avec la connaissance de l'Evangile, et inversement combien de personnes mauvaises prospèrent.

Les personnes fidèles trouveront dans les paroles des prophètes un peu de consolation et de compréhension. Lorenzo Snow (1814-1901) a dit aux personnes ne pouvant se marier ou avoir d'enfant : « *Je désire donner quelques explications pour réconforter et consoler les personnes qui se trouvent dans cette situation. Il n'est pas de saint des derniers jours qui meurt, après avoir mené une vie fidèle, qui perdra quoi que ce soit parce qu'il n'a pas accompli certaines choses du fait que l'occasion ne lui en a pas été donnée. En d'autres termes, si un jeune homme ou une jeune fille n'ont pas l'occasion de se marier et qu'ils mènent une vie de fidélité jusqu'au moment de leur mort, ils auront toutes les bénédictions, l'exaltation et la gloire auxquelles peut accéder quiconque a cette occasion et en a profité. C'est une chose sûre et certaine [...]*[145] ».

De façon plus générale, le prophète Malachie rapporte les paroles du Seigneur ainsi : « *Vos paroles sont rudes contre moi, dit l'Éternel. Et vous* *dites : Qu'avons-nous dit contre toi ? Vous avez dit : C'est en vain que l'on sert Dieu ; Qu'avons-nous gagné à observer ses préceptes, Et à marcher avec tristesse A cause de l'Éternel des armées? Maintenant nous estimons heureux les hautains; Oui, les méchants prospèrent ; Oui, ils tentent Dieu, et ils échappent ! Alors ceux qui craignent l'Éternel se parlèrent l'un à l'autre ; L'Éternel fut attentif, et il écouta; Et un livre de souvenir fut écrit devant lui Pour ceux qui craignent l'Éternel Et qui honorent son nom. Ils seront à moi, dit l'Éternel des armées, **Ils m'appartiendront, au jour que je prépare**; J'aurai compassion d'eux, Comme un homme a compassion de son fils qui le sert. **Et vous verrez de nouveau la différence Entre le juste et le méchant, Entre celui qui sert Dieu Et celui qui ne le sert pas**[146] ».*

Ainsi, **le juste peut avoir à attendre la vie à venir pour obtenir les bénédictions qu'il mérite par son obéissance**. Quelles justifications à cela ?

IV
RAISONS A L'OBTENTION TARDIVE D'UNE BENEDICTION

Comment expliquer qu'un juste ait à attendre la vie à venir pour obtenir une bénédiction ?

La thèse du comportement dans la préexistence ou théorie des plus ou des moins vaillants a d'abord été avancée. Elle apporte des réponses qui semblent logiques mais qui sont erronées (1). Son application montre ses limites (2). L'attente de bénédictions fait partie de notre mise à l'épreuve dans la condition mortelle (3).

1
Présentation de la théorie erronée
du comportement dans la préexistence

La théorie du comportement dans la préexistence est erronée bien qu'elle repose sur un raisonnement qui semble logique. Elle ne correspond toutefois pas aux extrapolations fantaisistes qui courent à son sujet.

L'extrapolation la plus exagérée a été d'affirmer qu'il fut enseigné qu'une partie des enfants de notre Père céleste venus sur terre auraient été neutres au moment de la rébellion de Lucifer. C'est tout le contraire. Si B. H. Roberts (1857-1933) l'a pensé en prenant le soin de commencer sa réflexion par « *je crois*[147] », les positions officielles ont réfuté toute neutralité. Dans son livre *Le chemin de la perfection*, Joseph Fielding Smith cite immédiatement après la pensée de B. H. Roberts la position officielle enseignée dès Brigham Young : « *Lorenzo Snow a demandé si les Esprits des Noirs furent neutres dans les cieux [...] Président Young indiqua que non ils ne l'étaient pas [...]*[148] ». Dans une lettre adressée à Monsieur M. Knudson, la première présidence de l'Eglise, sous le prophète Joseph F. Smith, répondit : « *Il n'y a pas eu d'esprits neutres dans les cieux au temps de la rébellion*[149] ». Toute personne venant sur terre a fait preuve de vaillance.

Cependant, selon cette théorie, il y aurait eu vaillance à des degrés différents donnant droit sur terre à l'acquisition de plus ou moins de bénédictions. La thèse a été utilisée premièrement pour expliquer le choix des personnes appartenant au peuple élu, favorisé par Dieu pour connaître en priorité l'Evangile. L'apôtre Orson Pratt (1811-1881) a parlé de : « *nombreux esprits qui sont plus nobles, plus intelligents que les autres*[150] » gardés pour venir dans les familles saintes des derniers jours à notre époque. Nous trouvons aujourd'hui encore des restes de cet enseignement dans des manuels d'institut qui expliquent la naissance dans le lignage israélite au temps où il avait la primeur de la connaissance de l'Evangile[151]. Dans un autre manuel, l'argument de la vaillance pré-mortelle est également avancé pour expliquer le moment, le lieu et les circonstances de notre naissance[152] ainsi que les appels auxquels nous avons pu être pré-ordonnés[153].

Mais il ne peut y avoir eu d'esprits plus vaillants qu'à la condition que d'autres l'aient moins été. Les esprits moins vaillants se verraient limités dans les bénédictions pouvant être acquises sur terre.

L'idée d'une attribution des bénédictions sur terre en fonction de notre comportement dans la préexistence n'est pas dénuée de tout fondement. Harold B. Lee (1899-1973) a fait cette remarque : « *Chacun de nous sera jugé quand il quittera cette terre selon les actes accomplis pendant sa vie dans la condition mortelle. N'est-il pas aussi raisonnable de croire que ce que nous avons reçu dans cette vie terrestre nous a été donné à chacun selon les mérites de notre conduite avant notre arrivée ici ?*[154] ». Ce raisonnement, qui semblait logique à l'époque, est aujourd'hui abandonné.

Selon cette théorie, poussée à l'extrême, notre environnement terrestre de mise à l'épreuve dépendrait de notre degré de vaillance dans la préexistence. Les plus vaillants obtenant les bénédictions les plus importantes. Ainsi, sur terre, l'injuste obtiendrait un certain nombre de bénédictions grâce à son comportement vaillant dans la préexistence. De même, les bénédictions reçues sur terre ne préjugent en rien de la vaillance dont chacun pourra faire preuve et pour laquelle il sera rétribué en conséquence dans le monde à venir.

Cette justification fit en son temps l'unanimité. L'interdiction faite à la descendance chamitique de détenir la prêtrise fut prise comme exemple de retard d'attribution de bénédiction. La première présidence de l'Eglise déclare en 1949 : « *La position de l'Eglise [l'interdiction de détenir la prêtrise] en ce qui concerne les Noirs peut être comprise quand une autre doctrine de l'Eglise est gardée à l'Esprit, que la conduite des esprits dans l'existence pré-mortelle a un effet déterminant sur les conditions et les circonstances dans lesquelles ces esprits prennent la mortalité*[155] ».

Toutefois, il faut prendre garde de ne pas faire dire à ces propos ce qu'ils ne disent pas. Certes il est question d'une vaillance moindre par rapport à ceux qui ont eu le droit de connaître l'Evangile et de détenir la prêtrise. Mais pour les descendants de Cham ayant pu accepter l'Evangile sans détenir la prêtrise, le niveau de vaillance reste bien supérieur à celui de la très grande majorité des personnes venues sur terre, toutes couleurs de peaux confondues. Il n'y a donc là encore aucun racisme.

2
Les limites qui décrédibilisent
la théorie du comportement dans la préexistence

La conduite des esprits dans l'existence pré-mortelle aurait selon cette théorie un effet déterminant sur les conditions et les circonstances dans lesquelles les esprits prennent la mortalité. Le degré de vaillance déterminerait le nombre et la teneur des bénédictions potentielles pouvant être obtenues sur la terre. Nous en perdrions actuellement en utilisant mal notre libre arbitre. Par exemple, nous pouvons refuser ou renoncer à l'Evangile qui nous a été proclamé.

Même si la théorie a une certaine cohérence, son application la décrédibilise. Comment identifier un degré de vaillance dans la préexistence en fonction des bénédictions terrestres ? S'il n'y avait qu'un seul critère ou que l'ordre d'obtention des bénédictions était toujours le même, il suffirait d'en faire le constat, bien que l'utilisation du libre arbitre sur terre mette l'homme en-deçà du niveau de qualification atteint dans la préexistence. Mais nous constatons que les bénédictions sont multiples, que leurs combinaisons parmi les êtres humains sont infinies. Quelle classification donnée aux bénédictions ? Et quels actes pour quelles bénédictions ? On peut avoir la prêtrise sans être fécond et vice-versa. Qui est le plus béni ?

En son temps, Joseph Fielding Smith avait déjà commencé à relativiser cette théorie : « *C'est une chose raisonnable de croire que les esprits dans leur état pré-mortel étaient à des degrés variables d'intelligence et de foi. Cette pensée est portée par plusieurs passages d'écritures, tels qu'Actes 17 : 24-27 ; Deutéronome 32 : 8 ; Abraham 3 : 19-26. Cependant, insister sur ce sujet et pointer certaines nations comme ayant été maudites du fait de leurs actes dans la préexistence, c'est entrer un peu trop dans le domaine de la spéculation. Par conséquent, il suffit de dire que les Noirs n'ont pas le droit à la prêtrise et les raisons, un jour, nous comprendrons*[156] ».

Cette théorie n'est plus avancée aujourd'hui par l'Eglise de Jésus-Christ des Saints des Derniers Jours : « *Au fil du temps, les dirigeants de l'Eglise et les membres ont avancé plusieurs théories pour expliquer les restrictions relatives à la prêtrise et au temple. Aucune de ces explications n'est acceptée aujourd'hui comme étant la doctrine officielle de l'Eglise*[157] ».

La mise à l'épreuve dans la condition mortelle

Rechercher une faute en l'absence de bénédiction est très humain et n'est pas propre à notre époque. Du temps du Christ, les apôtres voyant un aveugle de naissance ne purent s'empêcher de demander : « *Maître, qui a péché, cet homme ou ses parents, pour qu'il soit né aveugle ?*[158] », envisageant même un pêché dans la préexistence.

Il n'y a ni péché ni vaillance mitigée énoncés dans la réponse du Maître : « *Ce n'est pas que lui ou ses parents aient péché, mais c'est afin que les œuvres de Dieu soient révélées en lui*[159] ».

Une autre personne, fortement éprouvée, fut Job. Particulièrement béni dans un premier temps avec postérité, prospérité, santé et connaissance de Dieu, il perd tout : ses enfants, sa richesse, sa santé au point de vouloir mourir pour ne plus souffrir. Son affliction s'accroît encore quand, ici aussi, ses amis voient dans ce qui lui arrive les conséquences de ses péchés et de ceux de sa famille : « *Dieu renverserait-il le droit ? Le Tout Puissant renverserait-il la justice? Si tes fils ont péché contre lui, Il les a livrés à leur péché*[160] » [...] « *Est-ce par crainte de toi qu'il te châtie, Qu'il entre en jugement avec toi ? Ta méchanceté n'est-elle pas grande ? Tes iniquités ne sont-elles pas infinies ? Tu enlevais sans motif des gages à tes frères, tu privais de leurs vêtements ceux qui étaient nus ; Tu ne donnais point d'eau à l'homme altéré, tu refusais du pain à l'homme affamé. Le pays était au plus fort, et le puissant s'y établissait. Tu renvoyais les veuves à vide ; Les bras des orphelins étaient brisés. C'est pour cela que tu es entouré de pièges, et que la terreur t'a saisi tout à coup*[161] ».

La situation de Job avant les épreuves est à l'opposé des conclusions de ses amis : « *L'Eternel dit à Satan : As-tu remarqué mon serviteur Job ? Il n'y a personne comme lui sur la terre ; c'est un homme intègre et droit, craignant Dieu, et se détournant du mal*[162] ».

Amulek enseigne le but de notre venue sur terre : « *Car voici, cette vie est le moment où les hommes doivent se préparer à rencontrer Dieu ; oui, voici, le jour de cette vie est le jour où les hommes doivent accomplir leurs œuvres*[163] ».

Abraham nous rapporte les paroles du Christ lorsqu'il créa la terre : « *Nous descendrons, car il y a de l'espace là-bas, nous prendrons de ces matériaux, et nous ferons une terre sur laquelle ceux-là pourront habiter ; nous les mettrons ainsi à l'épreuve, pour voir s'ils feront tout ce que le Seigneur, leur Dieu, leur commandera*[164] ».

Jacques nous demande de reconsidérer le but des épreuves : « *Mes frères, regardez comme un sujet de joie complète les diverses épreuves auxquelles vous pouvez être exposés, sachant que l'épreuve de votre foi produit la patience. Mais il faut que la patience accomplisse parfaitement son œuvre, afin que vous soyez parfaits et accomplis, sans faillir en rien*[165] ».

Les circonstances dans lesquelles nous prenons la mortalité, l'obtention ou non de certaines bénédictions sur terre, font partie intégrante de notre mise à l'épreuve.

CONCLUSION

Président Ezra Taft Benson disait : « *On a déjà essayé, et on essaie encore, d'introduire une philosophie humaniste dans l'histoire de notre Eglise... On essaie surtout de minimiser la révélation et l'intervention divine dans les événements importants et de faire ressortir exagérément la nature humaine des prophètes de Dieu afin de souligner leurs défauts humains au détriment de leurs qualités spirituelles*[166] ».

C'est tout-à-fait le cas de Brigham Young à propos de la révélation qu'il reçut concernant la poursuite de l'interdiction de prêtrise du fait du lignage.

Les détracteurs de Brigham Young clament haut et fort qu'il s'est laissé influencé par le folklore local, que l'interdiction de prêtrise est liée aux théories racistes qui se sont développées aux XVIIème et XVIIIème siècles. Nous avons démontré que c'est faux. Nous avons rappelé que Brigham Young lia l'interdiction à un mariage et nous avons démontré par les écrits anciens qu'il avait raison. Cham, en ne se mariant pas au sein de sa famille a évincé sa postérité de la détention de la prêtrise. **Qui avait raison ? Brigham Young ou ses détracteurs** ?

Brigham Young fut un prophète de Dieu au même titre que Joseph Smith et toute sa vie et ses enseignements le confirment. Certes, certains de ses propos pourraient être qualifiés de racistes à notre époque mais sa révélation ne l'est en aucun cas.

A la connaissance de l'auteur, aucune étude avant celle-ci n'a pris la peine de creuser la question du lignage. Toutes se sont arrêtées à la nébuleuse raciste des XVIIème et XVIIIème siècles préférant, dans le meilleur des cas, s'en tenir à la position officielle « *on ne sait pas* » ou, dans le pire des cas, parler d'erreur faite et perpétuée par nos prophètes modernes influencés par les croyances de leur époque.

L'espoir émis en cette fin d'étude est que d'autres iront rechercher au-delà des apparences pour prouver, mieux qu'il n'a été possible de le faire ici, l'inspiration divine de Brigham Young quand il fit état de la révélation liant l'interdiction de prêtrise au critère du lignage.

[1] *La Perle de Grand Prix*, Déclaration officielle n°2.

[2] *Race and the Priesthood*, sur le site lds.org

[3] Entretien avec Jeffrey Holland, 4 mars 2006.

[4] Dallin H. Oaks, Interview with Associated Press, in Daily Herald, Provo, Utah, 5 June 1988.

[5] Propos de Brigham Young tenus lors de la session législative de Salt Lake City du jeudi 5 février 1852 tels que rapportés dans le journal de Wilford Woodruff (Wilford Woodruff's Journal, 1833-1898 Typescript, vol. 4, edited by Scott G. Kenney, Signature Books, pp. 97-99).

[6] Dictionnaire français *Larousse*.

[7] Lettre *Veritas Ipsa* de Paul III du 2 juin 1537, adressée à tous les chrétiens : « *La Vérité elle-même, qui ne peut décevoir ni être déçue, lorsqu'elle chargea les prêcheurs de la foi de prêcher, a dit, comme on le sait : « Allez enseigner toutes les nations ». Elle a dit toutes sans aucune discrimination, car toutes sont capables de recevoir l'instruction de la foi. L'ennemi de l'humanité qui s'est opposé de tous temps aux bonnes entreprises afin de les réduire à néant, conscient de cet ordre et poussé par l'envie, inventa une méthode inconnue jusqu'à ce jour, d'empêcher que par la parole de Dieu soit prêchée aux nations afin de les sauver. Car il a existé quelques-uns de ces satellites qui, âprement désireux de satisfaire leurs convoitises, ont pris sur eux d'affirmer que les Indiens occidentaux et méridionaux et les autres nations qui nous sont connues à ce jour, sous prétexte qu'ils sont dépourvus de foi catholique, doivent nous être soumis en servitude ; et ils sont vraiment asservis et traités avec un tel manque d'humanité que leurs maîtres oseraient à peine manifester une telle cruauté à l'égard des animaux qui les servent ; à cet effet, nous qui, bien qu'indignes, sommes le vicaire de notre Seigneur sur terre et qui recherchons de tous nos efforts les brebis de son troupeau qui nous a été confié, qui sont en dehors de son sillage, afin de les ramener à son sillage, pensons que ces Indiens, comme de vrais hommes, ne sont pas seulement aptes à la foi chrétienne mais également, comme on nous l'a fait connaître, qu'ils peuvent embrasser la foi avec la plus grande promptitude, et désirant leur fournir les remèdes adéquats, décrétons et déclarons par l'Autorité*

101

Apostolique, que les Indiens susmentionnés et toutes les autres nations qui peuvent à l'avenir parvenir à la connaissance des chrétiens, bien qu'elles soient en dehors de la foi au Christ, peuvent librement et légalement user, posséder et jouir de leur liberté et de leur autorité dans ce domaine, et qu'ils ne peuvent pas être réduits en esclavage, et que toute autre chose qui ait été faite soit nulle et non avenue. De plus, que ces Indiens et autres nations soient invités à participer à la foi suscitée du Christ par la prédication de la parole de Dieu et par l'exemple d'une bonne vie ». Citée par J.F. Maxwell *Le développement de la doctrine catholique sur l'esclavage*, in Justice dans le monde, XI, Louvain, 1969-1970, pp.174-175, note 50, cite Claviger, *History of Mexico*, III, p.282.

[8] Systema theologicum ex prae Adamitarum hypothesi. pars prima. 1655, archivé sur le site Gallica.

[9] Voltaire. 1734. *Traité de Métaphysique*, chap. 1 : « Des différentes espèces d'hommes » : « *Il me semble alors que je suis assez bien fondé à croire qu'il en est des hommes comme des arbres ; que les poiriers, les sapins, les chênes et les abricotiers, ne viennent point d'un même arbre, et que les blancs barbus, les nègres portant laine, les jaunes portant crins, et les hommes sans barbe, ne viennent pas du même homme* ».

[10] « Samuel Georges Morton déclara qu'il pourrait juger de la capacité intellectuelle d'une race par la taille de son crâne. Un grand crâne signifiait un grand cerveau et de hautes capacités intellectuelles et un petit crâne indiquait un petit cerveau et de faibles capacités intellectuelles. Morton recueillit des centaines de crânes humains de tous les coins du monde. En étudiant ces crânes, il entendait distinguer à quel point un individu cessait d'être de race blanche et à quel point commençaient les Noirs ». Texte pris de la page Wikipedia réservé à l'auteur citant Bates, Crispin (1995). *Race, Caste and Tribe in Central India: the early origins of Indian anthropometry*. In Robb, Peter.*The Concept of Race in South Asia*. Delhi: Oxford University Press. p. 225. ISBN 978-0-19-563767-0. Retrieved 2011-11-30.

[11] Par exemple, Abu-al-Qasim Sa`id ibn-Ahmad al-Andalusi (1029-1070), écrit dans son livre *de L'Histoire de la science* (Al-tarif bi-Tabaqat al-Umm) : « *l'air est brûlant et le climat extérieur subtil. Ainsi le tempérament des Sûdans devient-il ardent et leurs humeurs s'échauffent ; c'est aussi pourquoi ils sont noirs de couleur et leurs cheveux crépus. Pour cette raison sont anéantis tout équilibre des jugements et toute sûreté dans les appréciations. En eux, c'est la légèreté qui l'emporte et la stupidité et l'ignorance qui dominent* ».

[12] *La Sainte Bible*, Actes 17 : 26

[13] Paul de Lagarde, Materialien zur Kritik und Geschichte des Pentateuchs (Leipzig, 1867), part II.

[14] Commentaire d'Iso'dadh de Merv sur l'Ancien Testament / traduit par C. van den Eynde. Series: Corpus scriptorum Christianorum Orientalium ; v. 156. Scriptores syri, t. 75 (Louvain, 1955), p.139.

[15] Sprengling and Graham, Barhebraeus' Scholia on the Old Testament, pp.40-41, to Gen 9:22

[16] Tryggve Kronholm, Motifs from Genesis 1-11, pp. 135-42

[17] *The History of Abel and Cain*, 10, in Lipscomb, The Armenian Apocryphal Adam Literature, pp. 145 et 250 pour le texte et 160 et 271 pour la traduction.

[18] Jean Louis Hannemann, *Curiosum Scrutinium nigritudinis posterum Cham i.e. Aethiopum*, édité par J. Reumann (1677), cité dans Patricia Gravatt, *L'Eglise et l'esclavage*, Paris, Ed. L'Harmattan, 2003.

[19] Après les Hollandais, l'Eglise anglicane a emboîté le pas via la Société pour la propagation de la parole dans les contrées lointaines qui avaient des plantations à la Barbade. Parmi les dirigeants de la Société, notons la présence de l'archevêque de Canterbury et les évêques de Londres et de York. Lors de l'émancipation des esclaves, l'Eglise sera indemnisée pour la perte de ses esclaves. Enfin, l'Eglise catholique ne se prononça pas sur la justification même, laissant ces dirigeants locaux adhérer pleinement à cette justification tant et si bien que lors du Vatican I (1869-1870), un groupe de 65 évêques s'est approché du pape avec un postulatum pour solliciter que le Saint Père lève la malédiction qui pèse sur les fils de Cham.

[20] Traduction de Benjamin Braude dans *Cham et Noé. Race et esclavage entre judaïsme, christianisme et Islam*. In : Annales. Histoire, Sciences sociales. 57ème année, N.1, 2002, pp.93-125 dont la traduction diffère de celle de Louis Doutreleau, éditeur et traducteur de Origène, Homélie sur la Genèse, Paris, Le Cerf, 1976, pp. 374-375.

[21] Bruce R. McConkie, *The New Revelation on Priesthood*, dans *Priesthood* (Salt Lake City: Deseret Book, 1981), pp. 126-37, esp. p. 128.

[22] Discours donné le 15 mai 1988 lors du coin de feu mondial commémorant le 159ème anniversaire de la restauration de la prêtrise. Discours accessible sur le site lds.org.

[23] *La Perle de Grand Prix*, 2ème article de foi.

[24] *La Sainte Bible*, Ezéchiel 18 : 20

[25] Edward L. Kimball *Spencer W. Kimball and the Revelation on Priesthood*, BYU Studies 47, n°2 (2008) : 4-78.

[26] *Le Livre de Mormon*, 2 Néphi 27 : 25 ; Mosiah 1 : 5 ; Mosiah 10 : 12 ; Alma 3: 8 ; Alma 9:16-17 ; Alma 17 : 5 ; Alma 19 : 14 ; Alma 21: 17 ; Alma 23 : 3 ; Alma 26 : 24 ; Alma 37 : 9 ; Alma 47 : 36 ; Alma 56 : 4 ; Alma 60 : 32, Hélaman 5 : 19 et 51, Hélaman 15: 4 et 15.

[27] *Le Livre de Mormon*, Alma 17 : 15.

[28] *La Sainte Bible*, 1 Thimothée 1 : 4.

[29] *La Sainte Bible*, Tite 3 : 9.

[30] *Vie et enseignements de Jésus* 45-10.

[31] *La Sainte Bible*, Néhémie 7 : 64.

[32] *Vie et enseignements de Jésus* 44-14.

[33] *La Sainte Bible*, Matthieu 10 : 5-6.

[34] *La Sainte Bible*, Matthieu 15 : 24.

[35] *La Sainte Bible*, Actes 13 : 46.

[36] *La Sainte Bible*, Actes 10.

[37] *La Sainte Bible*, Galates 3 : 27-29.

[38] *La Perle de Grand Prix*, Abraham 2 : 10.

[39] Joseph Fielding Smith, *Doctrine du Salut*, Vol 3, p.220-221.

[40] John A. Widtsoe, *Evidences and Reconciliations*, p. 400

[41] *Doctrines et Alliances* 113 : 7-8.

[42] *La Sainte Bible*, Genèse 49.

[43] *La Sainte Bible*, Deutéronome 33.

[44] *La Sainte Bible*, Genèse 17 : 20-21.

[45] *La Sainte Bible*, Genèse 48 : 15-20.

[46] *Le Livre de Mormon*, 2 Néphi 4 : 3-10.

[47] *La Perle de Grand Prix*, Abraham 1 : 26.

[48] *La Sainte Bible*, Genèse 17 : 7.

[49] *La Sainte Bible*, Genèse 17 : 5 et 15.

[50] *La Sainte Bible*, Genèse 17 : 11 à 14.

[51] *La Sainte Bible*, Genèse 17 : 1.

[52] *La Sainte Bible*, Esaïe 49 : 16.

[53] *La Sainte Bible*, Esaïe 49 : 15.

[54] *La Sainte Bible*, Matthieu 23 : 37.

[55] *La Sainte Bible*, Lévitique 26 : 42-45.

[56] *La Sainte Bible*, Genèse 17 : 8.

[57] *La Perle de Grand Prix*, Abraham 2 : 6.

[58] *La Sainte Bible*, Genèse 17 : 2 et 4.

[59] *La Perle de Grand Prix*, Abraham 1 : 2 et 5.

[60] *La Perle de Grand Prix*, Abraham 1 : 27.

[61] Aussi appelé Testament de Lévi retrouvé parmi les manuscrits de la mer Morte de Qumrân (1Q21 ; 4Q213-214b).

[62] Retrouvé parmi les manuscrits de la mer morte de Qumrân (4Q200).

[63] *Le Document Araméen de Lévi* 5 : 7-8 et 6 : 1-6.

[64] *Le Livre de Tobit* 4 : 12.

[65] *La Sainte Bible*, Genèse 17 : 19-21.

[66] *La Sainte Bible*, Genèse 24 : 2-4.

[67] *La Sainte Bible*, Genèse 28 : 1-2.

[68] *La Sainte Bible*, Genèse 27 : 46.

[69] Christine Hayes, *Gentile Impurities and Jewish Identities : Intermarriage and Conversion from the Bible to the Talmud*, Oxford University Press; 1 edition (November 14, 2002)

[70] *La Sainte Bible*, Esdras 9 : 1.

[71] *La Sainte Bible*, Lévitique 21: 7.

[72] Kampen, *4QMMT and the New Testament Studies*, dans *4QMMT : New Perspectives on Qumran Law and History* (ed. J. Kampen and M. J. Bernstein; SBL Symposium Series 2; Atlanta: Scholars Press, 1996).

[73] Flavius Josèphe, *Contre Apion* I : 7.

[74] Flavius Josèphe, *Contre Apion* I : 7.

[75] *La Sainte Bible*, Néhémie 7 : 64.

[76] *La Sainte Bible*, Esdras 10 : 3.

[77] *Journal History of the Church*, 13 février 1849, Church History Library.

[78] *La Perle de Grand Prix*, Moïse 7 : 22.

[79] *Genese Rabbah*, chapitre 23.

[80] *La Sainte Bible*, Genèse 4 : 22.

[81] *Le Livre de Jasher* 5 : 15.

[82] *La Sainte Bible*, Josué 10 : 13 et 2 Samuel 1 : 18.

[83] *Le Livre de Tobit* 4 : 12.

[84] Cumberland, *Sanchoniathon's History*, p. 107.

[85] *La Perle de Grand Prix*, Abraham 1 : 21-27.

[86] Hugh Nibley, *Abraham en Egypt,* chapitre 8 Le sacrifice de Sarah.

[87] *La Sainte Bible*, Genèse 4 : 1-16.

[88] *La Perle de Grand Prix*, Moïse 16 : 42

[89] Joseph Fielding Smith, *Le chemin de la perfection*, p.97-98.

[90] *La Sainte Bible*, Genèse 4 : 9 et *La Perle de Grand Prix*, Moïse 5 : 34.

[91] *La Sainte Bible*, Ezéchiel 34 : 1 à 10.

[92] *La Perle de Grand Prix*, Moïse 5 : 50.

[93] *La Perle de Grand Prix*, Moïse 5 : 51, 52 et 55.

[94] *La Perle de Grand Prix*, Moïse 8 : 27.

[95] *La Perle de Grand Prix*, Moïse 8 : 27.

[96] *La Perle de Grand Prix*, Abraham 1 : 27.

[97] *La Sainte Bible*, Genèse 10 : 25.

[98] *Le Livre des Jubilés* 8 : 33 et 9 : 33.

[99] *Le Livre des Jubilés* 9 : 33

[100] *Le Livre des Jubilés* 9 : 34

[101] *Le Livre de Jasher* 7 : 24-30.

[102] *La Sainte Bible*, Genèse 9 : 20 à 23.

[103] Cité par Hugh Nibley dans son livre *Léhi in the desert,* chapitre 1 Un monde crépusculaire.

[104] Idem. Hugh Nibley cite *Nimrod*, JE 9 : 309-11 - Jeremias, Das Alte Testament im Lichte des Alten Orients, pp. 159-160.

[105] E. Lefebure, *Un chapitre de la chronique solaire*.

[106] Albert Mackey, *L'encyclopédie de la franc-maçonnerie*.

[107] Dr Selami Isindag, *Sezerman Kardes VII, Masonlukta Yorumlama Vardir Ama Putlastirma Yoktur, Masonluktan Esinlenmeler*, Istanbul 1977, p.120.

[108] Matthew B. Brown, *Exploring the connection between mormons and masons*, Covenant Communications, Inc., 2009.

[109] Idem, Chapter 3 : The origins of Masonic Practice – Masonic lodgdes imitate Christian Churches.

[110] S. Kent Brown et C. Wilfred Griggs *The 40-day Ministry*, Ensign Août 1975

[111] Lettre datée du 27 juin 1842, Archives de l'Eglise.

[112] *Freemasonry today*, printemps 2006.

[113] Le mot hébreu *liphné*, qui se traduit littéralement par *à la face de*, peut signifier *contre* ou *en opposition*. Le Talmud babylonien (Erouvin 53a) va dans le même sens : « *Pourquoi, en ce cas, fut-il appelé Nimrod ? Parce qu'il incita le monde entier à se rebeller (himrid) contre Sa souveraineté* [celle de Dieu] ».

[114] Flavius Josèphe, *Antiquités judaïques*, I, 114, 115 (IV, 2, 3) : « [Nimrod] *peu à peu transforme l'état de choses en une tyrannie. Il estimait que le seul moyen de détacher les hommes de la crainte de Dieu, c'était qu'ils s'en remissent toujours à sa propre puissance. Il promet de les défendre contre une seconde punition de Dieu qui veut inonder la terre : il construira une tour assez haute pour que les eaux ne puissent s'élever jusqu'à elle et il vengera même la mort de leurs pères. Le peuple était tout disposé à suivre les avis de* [Nimrod], *considérant l'obéissance à Dieu comme une servitude ; ils se mirent à édifier la tour [...] ; elle s'éleva plus vite qu'on eût supposé* ». — Voir aussi l'analyse d'Hugh Nibley à ce sujet dans son étude *Le monde des Jarédites*, chapitre un : Un monde crépusculaire.

[115] *Patriarchal Blessings*, Institute of Religion, January 17, 1964, page 8.

[116] Flavius Josèphe, *Antiquités Judaïques* Livre I, chapitre VI 2

[117] *La Sainte Bible*, Genèse 17 : 20-21.

[118] *La Sainte Bible*, Genèse 36 : 1-3.

[119] Darius Gray, *Blacks in the Bible*. Présentation donnée à l'occasion d'une conference organisée par FAIRMORMON accessible sur le site : http://www.fairmormon.org/

[120] http://www.jewishencyclopedia.com/ au sujet Jethro

[121] http://www.jewishhistory.org/hyksos-or-hebrews/ et http://jwa.org/encyclopedia/article/asenath-midrash-and-aggadah/

[122] R. K. Phillips, *The truth about Rahab*.

[123] http://jwa.org/encyclopedia/article/shuas-daughter-midrash-and-aggadah/

[124] *La Sainte Bible*, 1 Timothée 1 : 9

[125] Saint Ambroise, *Traité sur l'Evangile de Saint-Luc*, III 23-28 : « *Nous devons sans nul doute attribuer à un semblable motif que Ruth n'ait pas été omise, elle à qui semble avoir pensé l'Apôtre saint, quand il prévoyait en esprit que la vocation des peuples étrangers s'exercerait par l'Evangile :* « *La Loi, dit-il, n'est pas faite pour les justes, mais pour les injustes* » *(I Tim., I, 9). Comment en effet Ruth, qui était étrangère, a-t-elle épousé un Juif ? Et pour quelle raison l'évangéliste a-t-il cru devoir mentionner, dans la généalogie du Christ, cette union que la teneur de la Loi interdisait (Deut., VII, 3) ? Le Seigneur ne descendrait donc pas d'un enfantement légitime ? C'est, semble-t-il, un déshonneur : à moins d'en revenir à cette sentence de l'Apôtre, que* « *la Loi n'est pas faite pour les justes, mais pour les injustes* ». *Car celle-ci était étrangère et Moabite, et surtout la loi de Moïse prohibait de telles unions et excluait les Moabites de l'Église — car il est écrit :* « *Les Moabites n'auront pas entrée dans l'Église du Seigneur jusqu'à la troisième et à la quatrième génération, et à jamais* » *(Deut., XXIII, 3) — comment donc est-elle entrée dans l'Église, sinon parce qu'étant sainte et sans tache en sa conduite, elle a été mise au-dessus de la Loi ? Si en effet la Loi est faite pour les impies et les pécheurs, il est certain que Ruth, qui a échappé aux limitations de la Loi, qui est entrée dans l'Église et devenue Israélite, qui a mérité de compter parmi les ancêtres de la race du Seigneur, choisie à raison d'une affinité d'âme, non du corps, nous est un grand exemple : car en elle c'est notre entrée dans l'Église du Seigneur, à nous tous recueillis parmi les nations, qui a été préfigurée* ».

[126] Newell G. Bringhurst, *The 'Missouri Thesis' Revisisted: Early Mormonism, Slavery, and the Status of Black People* aux

Newell G. Bringhurst and Darron T. Smith (eds.) (2006). Black and Mormon (Urbana: University of Illinois Press) pp. 13–33 et p. 30.

[127] *La Sainte Bible*, Matthieu 10 : 5-6.

[128] *La Sainte Bible*, Matthieu 15 : 24.

[129] *La Sainte Bible*, Matthieu 28 : 19.

[130] *La Sainte Bible*, Galates 3 : 27-29.

[131] Brigham Young, *Journal of Discourses*, vol. 7, pages 290 - 291. Discours donné lors d'une conférence au Tabernacle le 9 octobre 1859.

[132] *La Sainte Bible*, Matthieu 19 : 30 et Marc 10 : 31.

[133] *La Sainte Bible*, Luc 13 : 30.

[134] *La Sainte Bible*, Matthieu 15 : 21-28.

[135] *La Sainte Bible*, Matthieu 8 : 5-11.

[136] *La Perle de Grand Prix*, Déclaration n°2.

[137] Dallin H. Oaks, Interview with Associated Press, in Daily Herald, Provo, Utah, 5 June 1988.

[138] *Le guide des écritures*, Bénédiction, béni, bénir

[139] *La Sainte Bible*, 1 Corinthiens 12.

[140] *Doctrine et Alliances* 130 : 20-21.

[141] *La Saint Bible*, Deutéronome 11 : 26-28.

[142] *Doctrine et Alliances* 89.

[143] *La Sainte Bible*, Josué 1 : 8.

[144] *La Sainte Bible*, Malachie 3 : 10 et 11.

[145] *Millennial Star*, 31 août 1899, p. 547-548.

[146] *La Sainte Bible*, Malachie 3 : 13-18.

[147] *Contributor* 6 : 297 ; cité par Joseph Fielding Smith dans le chemin de la perfection, 1931, chapitre 16, p.98-99 de l'édition française : « *Je crois que cette race est celle à laquelle furent consignés les esprits qui ne furent pas vaillants dans la grande révolte des cieux [...]*».

[148] *Wilford Woodruff's Journal*, à la date du 25 décembre 1869, citée aussi par Joseph Fielding Smith dans le chemin de la perfection, 1931, chapitre 16, p.98-99 de l'édition française.

[149] *Improvement Era*, avril 1924, *The Negro and the Priesthood*.

[150] *Journal of Discours*, Vol 1 p.62-63, *Celestial Marriage*, Elder Orson Pratt, 29 août 1852

[151] *Enseignement de l'Evangile*, manuel pour l'étudiant, cours de religion n°231 et 232, chapitre 21 : « *La préordination de l'Israël de l'alliance et ses responsabilités* ».

[152] *Vie et enseignements de Jésus*, leçon 30 *Dieu ne fait point acception de personnes* p.49.

[153] *Vie et enseignement de Jésus*, leçon 41 *Choisis avant la fondation du monde* p.176.

[154] Harold B. Lee, *Le fait de savoir qui nous sommes nous donne du respect pour nous-mêmes*, Rapports de conférence 1973-1975, p. 71.

[155] Déclaration de la première présidence sous George Albert Smith, 17 Août 1949.

[156] *Improvement Era* Avril 1924 *The Negro and the Priesthood*.

[157] *Race and the Priesthood*, www.lds.org.

[158] *La Sainte Bible*, Jean 9 : 2

[159] *La Sainte Bible*, Jean 9 : 3

[160] *La Sainte Bible*, Job 8 : 3 - 4.

[161] *La Sainte Bible*, Job 22 : 4 - 10.

[162] *La Sainte Bible*, Job 1 : 8.

[163] *Le Livre de Mormon*, Alma 34 : 32.

[164] *La Perle de Grand Prix*, Abraham 3 : 24-25.

[165] *La Sainte Bible*, Jacques 1: 2 - 4.

[166] Ezra Taft Benson, *God's Hand in Our Nation's History dans 1976 Devotional Speeches of the year*, 1977, p.310.

Imprimé par
CreateSpace
4900 LaCross Road
North Charleston, SC 29406 USA

www.ingramcontent.com/pod-product-compliance
Lightning Source LLC
Chambersburg PA
CBHW060946040426
42445CB00011B/1017